예배를 예배되게

영감있는 예배 가이드
INSPIRING WORSHIP GUIDE

주학선 지음

리터지하우스

예배를 예배되게

영감있는 예배 가이드
Inspiring Worship

지은이 주학선
1판 1쇄 발행 2018년 7월 10일
펴낸이 주학선
펴낸곳 리터지하우스
　　　　등록번호 제2012-000006호(2012년 3월 12일)
　　　　인천광역시 부평구 경인로 996
　　　　전화 032-528-1882 팩스 032-528-1885
디자인 백예솔

ISBN　978-89-969743-3-8

값　15,000원

이 책은 설렘과 기대 없이는 드릴 수 없는 예배의 감동과 기쁨에서 시작되었습니다. 이 책은 예배 공동체 안에서 만들어졌습니다. 여기에는 예수님의 부활의 생명 공동체가 예배하는 기쁨과 열정과 헌신과 사랑과 꿈이 녹아 있습니다. 그리스도 안에서 하나가 된 우리는 하늘 문이 열리는 예배, 생수가 흘러넘치는 예배, 하나님의 영광이 가득한 예배, 복음의 능력이 변화와 소망의 삶으로 이어지는 예배를 사모하였고, 기도하였고, 헌신하였고, 누렸습니다. 그리고 우리는 배웠습니다. 진정으로 성도다운 성도가 되려면, 진정으로 교회다운 교회가 되려면 예배가 예배다워야 한다는 것을.

수년 전 '하나님이 찾으시는 사람, 예배자'라는 시리즈로 선포되었던 말씀과 종종 개별적으로 선포되었던 말씀을 한 권의 책으로 묶었습니다. 때로는 강의 같은 설교에도 '아멘'으로 응답하며 예배자의 삶에 힘써온 성도들께 감사드립니다. 원고를 정리하는 동안에도 놀라운 예배의 감동과 은혜가 되살아났습니다. 중복되는 내용도 있지만, 선포된 말씀을 그대로 넣으려고 크게 수정하지 않았습니다.

　해 아래 새것이 없듯이 이 책의 모든 내용은 말씀의 은혜와 더불어 훌륭한 분들의 강연과 책을 통해 배우고 깨달은 것들입니다. 가르침을 주신 분들 가운데는 신학생 시절 예배에 눈을 뜨게 해주셨던 루스 덕 교수님(Dr. Ruth Duck)과 박사과정의 지도 교수님이었던 호레이스 알렌 교수님(Dr. Horace T. Allen, Jr.), 릴리 재단(Lilly Endowment)의 특별 기금 프로그램을 통해 보스턴대학교에서 '예배'를 주제로 탁월한 강의와 지도를 해주셨던 고 제임스 화이트 박사님(Dr. James F. White), 단 샐리어스 박사님(Dr. Don E. Saliers), 로렌스 스투키 박사님(Dr. Laurence Hull Stookey), 지오프리 웨인라이트 박사님(Dr. Geoffrey Wainwright)이 계십니다. 또한 신학교와 목회자를 위한 교육과 세미나 등에서 좋은 강의와 토의로 많은 것을 알게 해주신 나형석 교수님, 예전학회를 통하여 풍부한 상상력으로 디자인된 예배 경험의 기회를 주신 박해정 교수님 등 많은 분들께 감사드립니다. 이분들의 책을 읽거나 강의를 듣는다면 예배의 삶에 매우 유익한 깨달음과 도움을 얻을 수 있을 것입니다.

항상 말씀에 귀를 기울이고, 말씀을 살며, 참된 삶의 예배자로 서기 위해 기쁨으로 헌신하는 동수교회 성도들의 거룩한 열정이 없었다면 이 책을 출판할 용기를 갖지 못했을 것입니다. 더욱이 조봉애 권사님(문학박사)께서 부족한 원고를 꼼꼼하게 읽어 주시고 더 바르고 이해하기 쉬운 문장으로 다듬어 주셨습니다. 모든 분들께 깊은 감사를 드립니다.

이 책에 인용된 성경 구절은 평소 설교에서 인용한 그대로 사용하였으며, 번역본을 일일이 표기하지 않았습니다.

참된 예배를 회복하는 것은 이 시대의 모든 교회와 그리스도인의 가장 중요한 사명입니다. 이 책이 하나님이 찾으시는 예배자가 되기를 갈망하는 신실한 그리스도인들에게 유익한 가이드가 되기를 바랍니다. 예배는 그리스도인이 사는 이유입니다.

1

하늘이 열리다

내 영혼아, 주님을 찬송하여라. 마음을 다하여 그 거룩하신 이름을 찬송하여라. 내 영혼아, 주님을 찬송하여라. 주님이 베푸신 모든 은혜를 잊지 말아라. 주님은 너의 모든 죄를 용서해 주시는 분, 모든 병을 고쳐 주시는 분, 생명을 파멸에서 속량해 주시는 분, 사랑과 자비로 단장하여 주시는 분, 평생을 좋은 것으로 흡족히 채워 주시는 분, 네 젊음을 독수리처럼 늘 새롭게 해 주시는 분이시다.

(시편 103:1-5)

참된 예배는 우리로 하여금 하나님의 눈, 하나님의 관점, 하나님의 시야를 가지게 합니다. 진리의 예배를 통해 우리는 자신이 가지고 있던 관점과 방식을 벗어버리고 아버지 하나님이 주시는 새로운 눈을 가지게 됩니다. 우리가 예수 그리스도의 십자가를 통하여 새로운 눈, 높은 시야, 하나님의 관점을 가지게 될 때, 우리는 인생을 새롭게 보며, 우리의 일상과 미래에는 새로운 세계가 열립니다.

이 세상에 있는 모든 교회가 존재하는 중요한 이유가 있다면 그것은 바로 예배입니다. 우리가 예수 그리스도의 구속의 은혜로 하나님의 자녀가 된 목적은 하나님을 예배하기 위함입니다. 예배는 하나님을 사랑하고 하나님을 기쁘시게 하는 교회와 성도의 가장 우선적이며 중심적인 활동입니다.

예배는 교회가 존재하는 목적일 뿐만 아니라, 모든 그리스도인의 신앙생활의 핵심입니다. 예배하지 않는 참 그리스도인은 있을 수 없습니다. 예배 없이는 참된 그리스도인의 삶을 살 수 없습니다. 예배는 어디에서도, 어떤 상황에서도 멈출 수 없는 성도의 본분이며 존재 이유입니다. 하나님은 우리의 예배를 원하시며, 참되게 예배하는 자를 찾으십니다. 예수님은 말씀하셨습니다. "아버지께 참되게 예배하는 자들은 영과 진리로 예배할 때가 오나니 곧 이 때라 아버지께서는 자기에게 이렇게 예배하는 자들을 찾으

시느니라. 하나님은 영이시니 예배하는 자가 영과 진리로 예배할 지니라."(요 4:23-24)

그럼에도 불구하고 우리는 예배에 대해 공부하거나 제대로 배운 적이 거의 없습니다. 물론 예배는 단지 배워서 할 수 있는 것은 아닙니다. 예배는 성도의 깊은 신앙의 고백과 높은 영적 경험이며, 공동체 안에서 성령님의 역사하심을 통하여 체득되고 형성되는 신앙 활동입니다. 이렇듯 예배가 믿음의 삶에서 매우 중요함에도 불구하고 예배를 배우려고 하며, 예배에 대해 알려고 하는 성도는 그리 많지 않습니다. 지금 우리에게 절실하게 필요한 것은 하나님이 찾으시는 예배자가 되기 위해 예배를 알고, 예배를 배우고, 예배를 경험하려는 열정과 헌신입니다.

아빠 잡아주세요!

미국에서 살던 때에 저는 큰거리에서 퍼레이드 하는 것을 종종 보았습니다. 만성절(All Saints' Day) 전날인 10월 31일이나 독립기념일에, 아니면 특별한 축제일에 많은 사람들이 거리로 나와 퍼레이드를 구경하며 즐깁니다. 악대가 악기를 연주하며 행진하고, 제복을 입은 소방관이나 경찰관이 멋지게 행진합니다. 치어 리더들은 봉을 돌리면서 행진을 합니다. 수레 위에서는 갖가지 모양으로 분장을 한 사람들이 음악에 맞추어 춤을 추기도 하고, 바퀴가 달린 대형 풍선이 움직이기도 합니다. 이렇게 퍼레이드를 하는 동안 많은 사람들이 길가에 서서 환호합니다. 그런데 이럴 때면 키 작은 어린 아이들은 키 큰 어른들이 앞을 가려 잘 보이지 않습니다. 답답한 아이들은 으레 아빠에게 손을 뻗칩니다. '아빠, 나 잡아주세요. 아무것도 안보여요!' 그러면 아빠는 빙그레 웃으며 아이를 번쩍 들어올려 목마를 태웁니다. 목마를 탄 아이는 다른 누구보다도 더 높은 곳에서 멋진 광경을 보며 즐거워서 소리치곤 합니다. 아빠와 아이의 이런 모습은 우리의 예배 경험을 설명해주는 모습이기도 합니다.

예배는 마치 아이가 아빠를 향해 두 손을 뻗치듯이 하나님을 향해 기다림과 소원과 기대와 사랑으로 두 손을 드는 것입니다. 이것이 예배의 한 모습입니다. 우리는 오늘도 예배를 위해 이 자리에 모였습니다. 우리가 모여 예배하는 이 시간은 하나님이 우리를 번쩍 들어 올리실 것을 바라며 그분을 향해 기도하고 찬양하고 믿음을 고백하고 거룩한 이름을 부르며 손을 드는 시간입니다.

아버지가 아이를 번쩍 들어 올리면 사람들에 가려서 잘 볼 수 없어 답답해하던 아이는 아버지의 시야를 가지게 됩니다. 아이는 높은 곳에서 시원하게 바라볼 수 있게 됩니다. 그렇습니다. 예배는 우리가 아버지를 향하여 두 손을 들 때 하나님을 만날 뿐만 아니라, 하나님이 우리의 영혼을 높은 곳으로 번쩍 들어 올려주시는 것과 같습니다. 예배는 세상의 수많은 것들로 둘러싸여 답답하게 막혀있는 우리의 시야가 하나님을 만나 새롭게 열리는 사건입니다. 하나님께서 번쩍 들어 올리실때 우리는 새로운 눈으로 세상과 인생을 보게 됩니다. 예배를 통해 우리는 하나님의 마음과 눈으로 세상을 보게 됩니다.

믿음의 시야

참된 예배는 우리로 하여금 하나님의 눈, 하나님의 관점, 하나님의 시야를 가지게 합니다. 진리의 예배를 통해 우리는 자신이 가지고 있던 관점과 방식을 벗어버리고 아버지 하나님이 주시는 새로운 눈을 가지게 됩니다. 우리가 예수 그리스도의 십자가를 통하여 새로운 눈, 높은 시야, 하나님의 관점을 가지게 될 때, 우리는 인생을 새롭게 보며, 우리의 일상과 미래에는 새로운 세계가 열립니다.

이전에는 너무 크게 보이고, 두려워 보이고, 불가능해 보이고, 절망적으로 보이고, 아프기만 하고, 부정적으로 보이던 것들이 하나님이 우리를 번쩍 들어 올려 주시는 예배로 말미암아 완전히 다르게 보입니다. 불가능해 보이던 일이 가능해 보입니다. 절망적으로 보이던 상황이 소망적으로 바뀝니다. 아픔으로 보이던 일이 은혜로 보입니다. 부정적으로만 보이던 일이 긍정적으로 보입니다. 예배를 통하여 우리는 하늘 아버지의 눈으로 보게 되기 때문입니다.

하나님은 우리가 모든 상황에서 예배하기를 원하십니다. 하나님은 우리가 모든 환경을 뛰어 넘어서 예배하기를 원하십니다. 그러므로 사랑하는 성도 여러분, 예배 가운데 두 손을 높이 뻗어 하늘 아버지를 향해 사랑과 기대의 마음을 드리십시오. 사랑의 하늘 아버지를 향해 손을 드십시오. 예배는 우리 인생에 새로운 창을 열어 줍니다. 새로운 눈을 줍니다. 새로운 가치를 보게 합니다. 새로운 희망을 품게 합니다. 예배를 통해 우리는 하늘 아버지의 세계를 경험하며, 하늘의 영광을 보며, 아버지의 시야로 인생을 보게 되기 때문입니다. 이렇듯 예배는 제한되고, 부정적이고, 비뚤어진 우리의 생각과 눈을 바로 잡아 재조정 해주시는 은혜의 경험입니다.

저는 지난여름 가족들과 함께 덕유산의 향적봉에 올랐습니다. 산 아래에서 설천봉까지는 곤돌라를 타고 올라갈 수 있었습니다. 곤돌라가 조금씩 올라가면서 시야가 바뀌니 세상이 달라 보였습니다. 점점 높은 시야를 확보하면서 새로운 관점으로 보게 되었습니다. 설천봉에서 내려 다시 향적봉까지 올랐을 때에는 거침없이 확 트인 시야로 이전에는 보지 못한 새로운 세상을 보았습니다. 멀리 지리산까지 보이는 하나님의 아름다운 창조의 세계였습니다. 그리고 다시 땅으로 내려와 일상으로 돌아 왔을 때 일상을 향한 저의 마음에는 새로운 기쁨과 소망이 넘쳤습니다.

우리가 어떤 자리에 서느냐에 따라서 올려다 볼 수도 있고, 내려다 볼 수도 있습니다. 사랑하는 성도 여러분, 저 높은 곳에 서기를 원하십니까? 하나님의 시야를 갖기 원하십니까? 하늘의 고지에서 하나님의 눈을 갖기 원하십니까? 예배하십시오.

그러므로 우리는 어떤 일이 일어나도, 어떤 상황 속에서도 결코 예배를 멈출 수 없습니다. 왕이신 하나님을 예배하는 일을 결코 포기해서는 안 됩니다. 문제와 아픔과 고통이 클수록 우리는 더욱 더 예배의 자리를 사모해야 합니다. 예배를 원해야 합니다. 예배를 지켜야 합니다. "내 주여 내 발 붙드사 그곳에 서게 하소서. 그곳은 빛과 사랑이 언제나 넘치옵니다." 이것이 예배를 열망하는 우리의 기도이며, 우리의 소원이어야 합니다.

이사야 선지자가 외쳤습니다. "오직 여호와를 앙망하는 자는 새 힘을 얻으리니 독수리가 날개 치며 올라감 같을 것이요 달음박질하여도 곤비하지 아니하겠고 걸어가도 피곤하지 아니하리로다."(사 40:31) 모든 새의 제왕인 독수리는 하늘 높이높이 올라갑니다. 어떤 독수리는 수 천 미터의 고도를 날기도 하고, 구름보다도 더 높이 날아오르기도 합니다. 그리고 높은 곳에서도 땅위에 움직이는 먹이를 볼 수 있습니다. 요즘처럼 비가 많이 오면 참새는 비에 젖어 꼼짝 하지 못하지만, 독수리는 구름 위에서 햇빛을 받으며 유유히 날아다닙니다.

하나님을 찬양하라

예배는 바로 우리를 하늘 높이 올리시는 하나님 아버지의 손을 잡고, 독수리와 같은 하나님의 눈을 가지는 것입니다. 시편의 시인은 외칩니다. "내 영혼아 여호와를 찬양하라! 내 영혼아 여호와를 송축하라. 내 속에 있는 것들아 다 그 성호를 송축하라. 내 영혼아 여호와를 송축하라."(시 103:1-2) 우리는 예배함으로 하나님을 경배하고, 하나님을 높이고, 하나님을 찬양하고, 하나님의 성호를 송축합니다. 우리가 하나님을 높일 때 우리의 영혼은 높은 곳에 서게 됩니다. 우리가 하나님을 기뻐할 때 하나님은 우리를 기뻐하십니다. 우리가 나아갈 때 하나님은 안아 주십니다. 우리가 손을 들 때 하나님은 잡아주십니다. 우리가 하나님만 바라며 하나님께 주목할 때 우리의 영혼에 은총의 밝은 빛이 비칩니다.

예배 가운데 하나님이 함께 하시는 것을 '하나님의 임재하심'이라고 말합니다. 우리는 예배를 드릴 때마다 하나님께서 우리의 예배를 받으심을 믿고 기대할 수 있습니다. 하나님의 임재하심을 기대하고 믿는 성도는 예배를 준비할 것입니다. 그러나 하나님이 우리의 예배를 받으신다는 믿음이 없는 사람은 어떤 준비도 하지 않을 것입니다. 준비없이 드리는 예배는 생명없이 되풀이 되는 습관이 되고 맙니다. 하나님을 향해 두 손을 뻗고 나아가는 우리는 하나님의 임재하심을 신뢰함으로 기대하고 기도하고 열망하며 준비합니다. 하나님은 예배하는 자를 찾으십니다. 우리가 바르고 온전한 예배자로 나아간다면 하나님은 반드시 우리를 맞아주시고 받아 주실 것입니다.

하나님을 향하여 손을 높이

성경은 '여호와를 찬양하라'고 말씀합니다. 예배를 드릴 때 우리의 초점은 사람이 아닙니다. 예배에서 우리의 초점은 오직 여호와 하나님입니다. 그러므로 예배에 얼마나 많은 사람이 모였느냐, 예배 시간이 얼마나 지속되느냐 하는 것은 예배자의 주된 관심사가 아닙니다. 물론 요즘 예배 드리는 시간이 점점 짧아지는 것은 매우 우려됩니다. 예배에서 가장 중요한 것은 '하나님이 임재하시는 예배, 하나님이 받으시는 예배, 하나님을 만나는 예배'입니다. 주님을 향한 갈망이 주님을 예배하고, 주님의 임재를 기대하고 기다리는 의지와 헌신으로 표현됩니다. 우리는 늘 '아빠, 나를 잡아주세요!'라고 손을 들고 외쳐야 합니다. 자녀인 우리는 언제 하나님 아버지께 손을 듭니까?

'인생이 보이지 않을 때'입니다. 우리의 인생길에서 사방이 막힐 때가 있습니다. 소망의 길이 안개로 짙게 가려질 때가 있습니다. 앞길이 막힐 때가 있습니다. 문제와 아픔과 환란이 사방을 둘러쌀 때가 있습니다. 그때 우리가 손을 들면 아버지께서 올려 주십니다. 새롭게 해주십니다. 갇혀서 보지 못하던 것들이 보입니다. 비전이 열립니다. 소망이 보입니다. 길이 보입니다. 삶과 세계에 대한 새로운 눈을 가지게 됩니다.

언제 하나님께 손을 듭니까? '믿음의 길에 힘들고 지쳤을 때'입니다. 아이들이 걷다가 힘들면 아빠에게 손을 내 밉니다. 자기가 지쳤으니 아빠 보고 안아주거나 업어달라는 마음의 표현입니다. 우리가 삶에 지치고 힘들 때야말로 예배할 때입니다. 예배를 통하여, 지쳐있는 우리는 거룩하신 하나님의 임재하심의 영광을 체험하게 됩니다. 그리고 용기와 힘을 얻게 됩니다. 아버지 하나님께서 우리의 마음과 영혼을 들어 올려 주십니다.

우리는 언제 하나님 아버지께 손을 듭니까? '아버지의 사랑의 품에 안기고 싶을 때'입니다. 아이들은 아빠의 품에 안기는 것을 좋아하여 안아달라고 아버지를 향해 손을 뻗습니다. 든든한 아빠의 손을 잡고, 아빠의 품에 안기면 더 이상 행복할 수 없습니다. 아버지 품에서 아이는 만족합니다. 평안합니다. 안전합니다.

아버지의 참 사랑을 누립니다. 이와 같이 우리는 예배함으로 하나님을 높이며, 하나님이 우리의 아버지 되심을 감사합니다. 예배는 아버지 하나님을 향한 사랑받는 자녀들의 사랑의 고백이며, 하나님 아버지의 사랑의 품에 안기는 것이며, 아버지의 사랑에 흠뻑 빠지는 것입니다. 하나님을 향한 사랑의 고백은 찬송과 기도가 됩니다. 우리를 향한 하나님의 사랑의 음성은 생명의 말씀으로 다가옵니다. 우리를 만지시고 새롭게 하시는 놀라운 하나님의 은혜가 예배의 감동이며 기쁨입니다. 예배를 드릴 때 우리는 새로운 관점을 얻고, 새로운 마음을 얻고, 참 평화를 누리며, 사랑에 잠깁니다.

예배를 드린 우리는 새로운 존재가 되어 세상을 향해 담대히 나아갑니다. 높은 산에 올라서 놀라운 광경을 본 경험과 감동은 낮은 세상으로 내려와서 살아갈 때 희망과 꿈과 믿음을 지니게 합니다. 예배를 드린 성도는 인생길을 담대하게 마주합니다. 모든 상황에서 하나님의 손을 잡고 감사와 소망의 순례길을 걷습니다. 하나님은 우리가 예배하는 자가 되기를 원하십니다. 하나님이 우리를 사랑하시기 때문입니다. 우리가 하나님의 자녀이기 때문입니다. 예배가 우리를 일으킵니다. 참된 예배자는 하늘 비전을 가지고 하늘의 은총을 이 땅에서 누리며 삽니다. 아버지 하나님을 향해 두 손을 높이 드는 복된 예배자가 되지 않으시겠습니까?

2

영혼의 제자리 찾기

여자가 말하였다. "선생님, 내가 보니, 선생님은 예언자이십니다. 우리 조상은 이 산에서 예배를 드렸는데, 선생님네 사람들은 예배드려야 할 곳이 예루살 렘에 있다고 합니다." 예수께서 말씀하셨다. "여자여, 내 말을 믿어라. 너희가 아버지께, 이 산에서 예배를 드려야 한다거나, 예루살렘에서 예배를 드려야 한다거나, 하지 않을 때가 올 것이다. 너희는 너희가 알지 못하는 것을 예배하 고, 우리는 우리가 아는 분을 예배한다. 구원은 유대 사람들에게서 나기 때 문이다. 참되게 예배를 드리는 사람들이 영과 진리로 아버지께 예배를 드릴 때가 온다. 지금이 바로 그 때이다. 아버지께서는 이렇게 예배를 드리는 사람 들을 찾으신다. 하나님은 영이시다. 그러므로 하나님께 예배를 드리는 사람 은 영과 진리로 예배를 드려야 한다." 여자가 예수께 말했다. "나는 그리스도 라고 하는 메시아가 오실 것을 압니다. 그가 오시면, 우리에게 모든 것을 알려 주실 것입니다." 예수께서 말씀하셨다. "너에게 말하고 있는 내가 그다."

(요한복음 4:19-26)

예배는 우리 영혼의 키를 하나님께 맞추는 영혼의 조율입니다. 믿음의 순례길은 정기적으로 지속적으로 항상 하나님께 우리 영혼의 키를 맞추면 서 걷는 길입니다. 예배가 우리 영혼의 키를 바르게 잡아줍니다. 예배로 우 리 영혼은 제자리를 찾습니다.

한 탐험가가 아마존 강을 탐험하였습니다. 그는 외부의 손길이 닿지 않은 상류 쪽을 탐험하였는데 짐을 나르는 짐꾼들에게 빨리 걷기를 계속 재촉하였습니다. 그런데 사흘째 되던 날 짐꾼들은 더 이상 가지 못하겠다면서 짐을 내려놓더니 아예 주저앉고 말았습니다. 마음이 조급해진 탐험가는 어서 일어나 계속 걷자고 재촉했지만 그들은 꿈쩍도 하지 않았습니다. 결국 탐험가는 짐꾼들의 대장에게 따져 물었습니다. '당신들에게 합당한 돈을 지불했으니, 목적지까지 빨리 가야하지 않습니까?' 그러나 추장은 자신도 더 이상 계속 걸을 수 없다고 하였습니다. '왜 그러느냐'고 묻자 추장이 이렇게 대답합니다. '지금 우리들은 우리 영혼이 우리 몸을 따라올 수 있도록 기다리고 있는 중입니다.' 그들은 너무 빨리 걷는 바람에 그들의 영혼이 미처 따라오지 못해 지치고 힘든 것이라고 생각하였던 것이죠.

이 이야기는 지금 우리들이 믿음의 순례길을 걸을 때 빠지기 쉬운 함정과 상황을 잘 보여줍니다. 오늘날 많은 성도들은 온갖 사역과 신앙 활동에 지친 나머지 자신들의 영혼을 놓치고 있습니다. 우리에게는 영혼이 따라오게 할 시간이 필요합니다.

영혼이 제 자리를 찾는 예배

예배도 이와 같습니다. 예배는 우리의 영혼이 제자리를 찾는 것입니다. 이것이 진정한 안식입니다. 이것이 안식일의 정신입니다. 안식은 '영'이 제자리를 찾는 것입니다. 그래서 우리는 영과 진리로 예배해야 합니다. 그러나 불행하게도 많은 성도들은 영혼이 따라올 시간도 없이 삶과 일에 분주합니다. 누가복음에는 이런 모습을 잘 보여주는 이야기가 있습니다. 마리아와 마르다의 이야기입니다(눅 10:38-42).

어느 날 예수님이 마리아와 마르다 자매의 집을 방문하십니다. 예수님이 찾아오시니 얼마나 기뻤을까요? 그래서 두 자매는 마음과 정성으로 예수님을 잘 모시기 위해 최선을 다합니다. 언니 마르다는 요리도 잘하고 집안일을 잘했던지 방문하신 예수님을 위한 음식을 준비하느라 겨를이 없습니다. 반면에 마리아는 예수님 발끝에 앉아서 주님의 말씀을 듣는데 집중합니다. 이 모습을 본 마르다는 화가 납니다. 이렇게 바쁜데 동생이 자기를 도와주기는커녕 예수님 발끝에서 말씀만 듣고 있으니 말입니다. 그래서 예수님께 부탁합니다. "예수님, 동생 마리아에게 저를 도와주라고 말씀해 주세요."(40절) 그런데 예수님은 뜻밖의 대답을 하십니다. "마르다야 ... 마리아는 이 좋은 편을 택하였으니 빼앗기지 아니할 것이다."(42절) 마음과 영이 주님 앞에 머무는 것보다 더 좋은 것은 없습니다.

이 이야기는 오늘의 우리 모습을 그대로 보여줍니다. 우리는 분명히 좋은 생각을 가지고 있으며, 선한 목적으로, 주님을 위해 열심히 사역에 몰두합니다. 또한 직장과 사업과 여러 가지 일에 열심입니다. 그런데 그러는 사이 우리의 마음과 영은 주님에게서 멀어져서 주님의 음성을 듣지 못하며, 영혼이 따라올 예배의 시간과 자리를 확보하지 못합니다. 우리가 놓치지 말아야 할 것은 바쁜 생활 중에도 우리의 영이 하나님의 사랑 안에 머무는 것입니다. 그 시간을 확보하고, 지켜야 합니다. 바로 예배입니다.

예배의 초점은 오직 하나님입니다. 예배는 예수 그리스도를 통하여 하나님을 향하고, 하나님을 바라고, 하나님을 높이고, 하나님께 사랑과 감사의 고백과 응답으로 무릎 꿇으며 두 손을 드는 것입니다. 그러나 우리가 단지 실용적이고, 효율적인 면에 집중하다보면 더 중요한 초점은 잃은 채 덜 중요한 것들이 예배를 대신하는 경우가 있습니다. 진정으로 하나님을 향하는 마음보다 고급스런 인테리어, 최고의 음향과 조명시설, 첨단의 미디어 장비, 안락한 환경, 눈을 즐겁게 하는 다양한 요소가 중심이 되는 예배가 되기 쉽습니다. 물론 이런 것들은 예배의 감동을 위해 유용하고 매우 중요한 도구들입니다. 그러나 아무리 좋은 장비를 갖추고, 열심히 연습하고, 열심히 준비하고 노력한다 하더라도 하나님을 향한 초점을 잃는다면 그것은 영혼 없이 몸만 가려는 것과 같습니다. 하나님께 초점을 맞추지 않는 예배는 참된 예배가 될 수 없습니다. 예배를 통해 누리는 은혜와 기쁨이 있지만, 예배의 목적이 사람을 즐겁게 하는 것은 아닙니다. 사람들을 편안하도록 만드는 것도 예배의 목적이 아닙니다. 예배의 모든 의식과 순서는 바로 하나님을 향한 것이며 찬양과 경배와 기도는 오직 하나님께 바르게 드려지기 위한 것입니다.

오늘의 본문은 예배에 관한 매우 중요한 말씀 가운데 하나입니다. 바로 예수님과 사마리아 여인과의 대화입니다. 예수님이 유대지역의 사역을 마치시고 갈릴리로 가시다가 정오 즈음에 사마리아의 작은 마을, 수가 성의 한 우물가에서 멈추셨습니다. 여행길에 목마르셨던 예수님은 마침 물을 길러 나온 여인에게 마실 물을 부탁합니다. 그 당시 유대인들은 이방인이라면 거들떠보지도 않고 경멸하였는데, 한 유대인 남자가 이방 여인인 자기에게 물을 달라고 하니 이 여인은 깜짝 놀라서 '어찌 자기 같은 사마리아 여인에게 물을 달라고 하느냐'고 묻습니다. 이때 예수님은 대화의 주제를 영생을 주는 물로 바꾸시더니 여인에게 '남편을 데려오라'는 엉뚱한 말씀을 던집니다. 예수님의 엉뚱하고 갑작스러운 질문에 이 여인의 과거가 그대로 드러납니다. 이 여인은 과거에 다섯 명의 남편을 두었으며, 지금 사는 남자도 참 남편이 아니었습니다. 당황한 여인은 주제를 다시 예배로 바꿉니다.

당시 사마리아 지역에서 검색어 1순위는 바로 '예배'였습니다. 특히 '하나님이 어디에서 예배를 받으시느냐'가 뜨거운 논쟁거리였습니다. 유대인들은 당연히 하나님은 예루살렘에서 예배를 받으신다고 믿었지만, 사마리아인들은 수가 성에서 멀지 않은 그리심 산을 예배 장소로 선택했습니다. 그 산에는 당시 약 100년 전에 파괴된 사마리아인들의 성전이 있었습니다. 아직 재건되지는 않았지만 여전히 그 성전에서 예배를 드렸습니다. 그래서 과연

'그리심 산에서 드리는 예배도 하나님이 받으시는가'라는 것이 지대한 관심사였습니다. 이런 배경 속에서 오늘 본문에 나타나는 예수님과 사마리아 여인의 대화는 우리에게 예배에 관한 매우 중요한 것을 가르쳐줍니다.

예배의 의미와 근원

여기서 우리는 예배의 의미가 무엇인지 잠시 살펴볼 필요가 있습니다. 우리말 사전은 '예배'라는 단어를 '예의를 갖추어 초월적인 존재 앞에 존경과 경배를 드리는 의식'으로 정의합니다. 영어로 예배라는 단어인 워십(Worship)은 가치 있는 것(worth)이라는 의미를 가지고 있습니다. 그러므로 '예배란 어떤 대상에게 가장 가치 있는 것을 드리는 것'을 의미합니다. 오늘 본문에 나오는 '예배'라는 그리스어는 '프로스퀴네오'입니다. 이 말은 '경외함으로 입 맞추다' 혹은 '절하다', '엎드린다'는 의미를 가지고 있습니다.

그러므로 예배는 가장 가치 있는 행동이며, 가장 가치 있는 것을 드리는 것이며, 예의를 갖추어 엎드려 절하고 경배하는 것을 의미합니다. 예배는 하나님께서 마땅히 받으실 영광을 그분께 드리는 것입니다. 이것이야말로 가장 가치 있는 것입니다.

또한 예배는 '리허설'입니다. 리허설은 공연이나 발표를 하기 전에 연습을 하여 최고의 공연이 되도록 준비하는 행위입니다. 예배하는 우리는 하늘 문이 열리는 은혜 안에서 하나님의 임재를 경험합니다. 하나님의 생명의 말씀을 듣습니다. 생명의 성찬을 받고 나눕니다. 그리고 이 예배의 경험 곧, 진리와 생명과 사랑의 경험을 통해 우리가 일상과 일터에서 어떻게 살아야 할지 깨닫고 준비합니다. 예배는 그 자체가 가장 가치 있는 진리와 생명의 사건이면서, 동시에 일상에서 예배자로 살아가기 위한 리허설이기도 합니다. 예배가 우리의 삶을 형성합니다. 우리가 어떤 예배를 어떻게 드리느냐에 따라 우리의 삶이 형성됩니다. 그러므로 예배는 하나님 앞에서 살아가는 우리의 참된 삶을 위한 리허설과 같습니다. 뿐만 아니라 영원한 천국의 예배를 위한 리허설이기도 합니다. 이 땅의 일들은 모두 사라지지만, 천국에서도 하나님을 경배하는 일은 계속될 것이기 때문입니다.

이런 의미에서 예배는 거룩한 삶을 위한 '거룩한 놀이터'와 같습니다. 하나님은 우리를 거룩한 놀이에 초대하셨습니다. 하나님은 '나와 함께 놀자'고 하십니다. 하나님의 사랑을 누리고, 우리의 사랑을 고백하며 영과 마음이 충만해지는 복된 시간을 갖자고 하십니다. 예배를 드릴때 우리는 하나님의 은혜를 마음껏 누리고, 울고 웃으며 성령님의 손을 잡고 춤을 추는 거룩한 놀이를 합니다. 이것은 오직 하나님의 임재하심과 감동의 역사를 통해서만 누릴 수 있는 경험입니다.

예배는 하나님의 부르심에 대한 응답입니다. 이것은 '예배가 어디서 시작될까?'에 대한 답입니다. 예배의 주도권은 누구에게 있을까요? 오늘 본문에서 말씀합니다. "아버지께 참되게 예배하는 자들은 영과 진리로 예배할 때가 오나니 곧 이 때라 아버지께서는 자기에게 이렇게 예배하는 자들을 찾으시느니라."(23절) 그렇습니다. 예배의 시작은 바로 '하나님께서 예배자들을 찾으심'에 있습니다. 하나님이 예배하는 자들을 찾지 않으신다면 예배는 없습니다. 인간이 하는 의식은 있겠지만 참된 예배는 없습니다.

참된 예배는 먼저 우리를 향하여 다가오신 하나님의 사랑과 은혜와 초청에서 시작됩니다. 우리의 노력과 연구와 수행으로 하나님을 찾아낸 것이 아닙니다. 우주만물의 창조주이시고 운행자이시며 역사의 주인이신 하나님이 우리를 향해 찾아오셨습니다. 우리를 향한 하나님의 그 놀라운 은혜와 사랑에 대한 우리의 응답이 예배입니다.

우리는 언제나 우리를 위한 중보자이시며, 구세주가 되신 예수 그리스도를 통하여 하나님께 나아갑니다. 우리는 우리를 향한 하나님의 구원의 능력과 한없는 선하심에 대해 넘치는 감사를 드리며 하나님께로 나아갑니다. 예수님은 말씀하셨습니다. "나를 보내신 아버지께서 이끌지 아니하시면 아무도 내게 올 수 없다."(요 6:44) 인간은 죄로 인하여 하나님을 떠났지만, 하나님은 찾으셨습니다. 예배의 근원은 하나님이십니다. 우리는 예수님을 통해 구원 받음으로 하나님을 예배하는 자로 부름 받았고, 평생 하나님을 예배할 것이며, 천국에서 영원히 천사들과 함께 하나님을 예배할 것입니다. 예배하는 사람이 진정으로 복된 사람입니다. 시편의 시인은 "할렐루야 여호와를 경외하며 그의 계명을 크게 즐거워하는 자는 복이 있도다."(시 112:1)라고 선포합니다. 우리는 예수 그리스도를 통하여 성령님의 충만하심으로 "하나님께" 예배하는 복된 사람들입니다.

예배의 중심성

구약성경은 예배의 중요성을 잘 보여주고 있습니다. 구약의 시작인 창세기는 하나님을 예배하는 많은 선조들을 소개합니다. 아브라함, 이삭, 야곱은 하나님을 예배하는 사람들이었습니다. 또한 하나님은 하나님을 예배하도록 명령하시고 다양한 규정들을 가르쳐주셨습니다. 이스라엘 백성들에게 성막은 하나님이 거하시는 장막으로 가장 거룩한 곳이었습니다. 이스라엘이 이집트에서 탈출하여 광야를 지날 때에 그들의 진영은 언제나 성막을 중심으로 배치되었습니다. 이런 모습은 성막의 중심성과 중요성을 잘 보여줍니다. 성막은 모든 진영의 중심이었고, 레위인들은 성막을 관리하고 돌보는 일을 위해 구별되어 세워졌습니다. 또한 이스라엘의 열 두 지파는 성막을 중심으로 사방에 세 지파씩 배치되었습니다.

뿐만 아니라 여러 가지 예식에 관한 규정과 가르침은 '불완전하고 죄에 빠진 인간'이 '거룩하고 온전하신 하나님께' 예배자로 나아갈 수 있는 길을 알려주는 것이었습니다. 시편은 하나님께 드리는 찬양과 기도와 예배의 노래입니다. 구약의 모든 예언자들의 사명은 이스라엘의 잘못된 예배를 지적하여 바로잡고, 백성들이 하나님께 참된 예배를 드리도록 하는 것이었습니다.

예배가 잘못 드려질 때에는 하나님의 진노와 화가 임하였습니다. 가인이 바른 예배를 드리지 못할 때 하나님은 그가 드리는 예배를 받지 않으셨고, 이에 분노한 가인은 동생을 쳐 죽였습니다. 아론의 아들 나답과 아비후는 하나님의 명령을 거역하고 자기들이 만든 향로를 가져다 예배했습니다. 그러자 불이 나와 그들을 삼켰습니다(레 10:2). 사울 왕은 자기에게 허락되지 않은 일이었던 제사를 드림으로 왕권을 내려놓아야 했습니다(삼상 13:8-14).

사랑하는 성도 여러분, 예배를 신앙생활에서 가장 소중한 가치로 삼으십시오. 예배를 신앙생활의 중심으로 삼으십시오. 바른 예배의 삶에 성공하는 것이 믿음의 삶에 성공하는 것입니다.

오래 전 인터넷도 없고 핸드폰도 없던 때, 섬에서 라디오로만 소식을 듣던 때에 한 소년이 매일 음악을 들려주는 음악 방송을 청취하고 있었습니다. 이 소년은 몇 년 전 도시에서 살 때에 바이올린을 배웠는데, 목사님인 아버지를 따라 섬으로 이사를 온 후로는 혼자서 바이올린을 연습하곤 했습니다. 그런데 이 소년은 바이올린의 현의 음을 맞추고 싶었지만 아무런 도구가 없었습니다. 기도하던 끝에 좋은 생각이 떠올랐고, 청취하던 라디오 음악 방송 담당자에게 이렇게 사연을 적어 엽서를 보냈습니다. '저는 음악 방송을 매일 듣는 청취자입니다. 제게 바이올린이 있는데 음을 제대로 맞출 수가 없어요. 앞으로 한 달 후인 5월 1일 금요일 음악 방송 시간에 라디오로 '도' 음을 틀어주실 수 있나요? 그러면 제가 그 음을 듣고 바이올린 현의 음을 맞출 수 있을 거예요.'

예배는 우리 영혼의 키를 하나님께 맞추는 영혼의 조율입니다. 믿음의 순례길은 정기적이며 지속적으로 항상 하나님께 우리의 영혼의 키를 맞추면서 걷는 길입니다. 예배가 우리의 영혼의 키를 바르게 잡아줍니다. 예배로 우리 영혼은 제자리를 찾습니다.

3

예배가 사명

예수께서 그에게 말씀하셨다. "'네 마음을 다하고, 네 목숨을 다 하고, 네 뜻
을 다하여, 주 너의 하나님을 사랑하여라' 하였으니, 이것이 가장 중요하고 으
뜸가는 계명이다. 둘째 계명도 이것과 같은데, '네 이웃을 네 몸과 같이 사랑
하여라' 한 것이다. 이 두 계명에 온 율법과 예언서의 본뜻이 달려 있다."

(마태복음 22:37-40)

　　예배의 회복, 예배가 깨어나는 것이 모든 세대의 가장 중요한 일이며, 가
장 긴급한 일이며, 진정한 변화와 소망의 시작입니다. 예배는 여러 사역 중
하나가 아닙니다. 예배는 좋은 프로그램의 하나가 아닙니다. 예배는 그 자체
가 교회의 존재 방식이며, 존재 목적입니다. 예배는 성도의 삶의 중심입니다.

자, 한 번 자신이 지금까지 평생 몇 번의 예배를 드렸는지 생각해보십시오. 저는 목회자 가정에서 태어나서 50년 넘게 예배를 드렸습니다. 제가 어릴 때에는 수요일 저녁 어린이 예배도 있었고, 주일 저녁 어린이 예배도 있었습니다. 요즘은 주일에도 몇 번의 예배를 드립니다. 그렇게 계산해 보면 어림잡아도 수 천 번의 예배를 드렸을 것입니다. 마찬가지로 이곳에 있는 우리들 대부분도 수없이 예배를 드렸을 것입니다. 이 정도면 우리는 예배의 달인이라고 말할 수 있을 것 같습니다. 그런데... 우리는 정말 예배의 달인 맞습니까? 예배가 무엇인지 이제는 알고 있으며, 예배를 정말로 바르게 잘 드릴 줄 알며, 예배는 자신의 신앙생활의 중심이라고 말할 수 있나요? 예배에 대해서 자신의 감동의 경험을 누군가에게 이야기 해 줄 수 있나요? 어쩌면 우리는 예배에 대해서 깊이 생각해 보지도 않았고, 고민해 보지도 않았고, 단지 습관과 전통을 따라 남이 하는 대로 해 왔을지도 모릅니다.

예수님의 '위대한 명령'인 마태복음 22장 37-40절의 말씀은 우리에게 분명한 두 가지를 말씀하십니다. 그 첫째는 하나님을 사랑하라는 것이며, 두 번째는 이웃을 사랑하라는 것입니다. 이 두 가지의 계명을 무게와 가치에 있어서 동일한 것으로 보는 분들도 있습니다. 39절에서 둘째 계명도 '이와 같다'는 표현 때문입니다. 그러나 이 명령을 잘 살펴보면 이 두 계명은 동일한 것으로 서로 연결되면서도 우선순위에서 분명한 차이가 있습니다. 왜냐하면 '먼저'가 하나님 사랑이기 때문입니다. 그러기에 '하나님 사랑'에는 '마음과 목숨과 뜻을 다하여'라는 구체적인 부연 설명이 붙어 있습니다. 반면에 이웃 사랑에 대해서는 이런 부연 설명이 없이 '네 자신과 같이' 사랑하라고 말씀하셨습니다.

예수님을 믿는다는 것, 참된 그리스도인이 된다는 것, 하나님의 자녀로 산다는 것은 하나님 사랑함을 삶의 가장 중요한 우선순위에 두고 사는 삶을 의미합니다. 어느 누구도 하나님을 사랑하지 않으면서 참된 그리스도인이라고 불릴 수 없습니다. 하나님을 사랑함 없이 진정한 하나님의 자녀라 말할 수 없습니다. 하나님을 사랑하는 것이 모든 성도들이 따를 가장 크고 중요하고 첫째 되는 계명입니다.

이것을 기초로 둘째 계명이 주어집니다. 하나님 사랑이 원인이라면, 이웃 사랑은 결과입니다. 하나님 사랑이 뿌리라면 이웃 사랑은 열매입니다. 그러므로 하나님 사랑에 실패하면 이웃 사랑도 실패하고, 하나님 사랑에 실패하면 삶의 열매는 없습니다. 하나님을 사랑함에 실패하면 모든 것에 실패합니다. 거꾸로 하나님 사랑에 승리하면 모든 것에 승리할 수 있습니다.

그러면 하나님을 사랑한다는 것은 구체적으로 무엇일까요? 우리는 하나님을 사랑하는 것을 어떻게 표현합니까? 우리가 진정으로 하나님을 사랑한다는 것을 무엇으로 보여줄 수 있습니까? 하나님은 우리의 무엇을 보시고 우리가 하나님을 사랑한다는 것을 인정해주실까요?

구약의 스토리

구약으로 가서 보겠습니다. 구약은 우주와 인류의 탄생으로부터 시작하여 하나님이 아브라함과 언약을 맺으시고, 아브라함으로부터 한 민족인 이스라엘을 세우신 이야기입니다. 그렇다면 하나님이 이스라엘을 세우신 목적이 무엇일까요? 하나님은 아브라함을 부르셔서 그에게 놀라운 약속을 주셨습니다. 그리고 그 약속을 성취하셔서 하나님의 복을 유통하는 백성으로 세우셨습니다. 하나님께 택함 받은 백성의 삶의 중요한 목적은 하나님을 사랑하는 것이었습니다. "이스라엘아 들으라. 우리 하나님 여호와는 오직 유일한 여호와이시니 너는 마음을 다하고 뜻을 다하고 힘을 다하여 네 하나님 여호와를 사랑하라."(신 6:4-5) 마음과 뜻과 힘을 다하여 하나님을 사랑하는 것이 구약의 모든 계명의 요약입니다. 이렇게 이스라엘은 하나님을 사랑하도록 부르심을 받은 백성입니다. 그런데 그들은 하나님을 사랑하기에 해야 할 것이 있었습니다. 그것이 무엇일까요?

이스라엘 백성들이 이집트의 노예로 있을 때에, 모세와 아론은 그들을 해방시키라는 사명을 받았습니다. 그들은 바로를 대면하고 이스라엘 백성을 내보낼 것을 요청하면서 이렇게 말했습니다. "주 이스라엘의 하나님이 말씀하시기를 '나의 백성을 보내라. 그들이 광야에서 나의 절기를 지켜야 한다' 하셨습니다." 그러나 바로는 이렇게 대답하였다. "그 주가 누구인데, 나더러 그의 말을 듣고서, 이스라엘을 보내라는 것이냐? 나는 주를 알지도 못하니, 이스라엘을 보내지도 않겠다." 그들이 말하였다. "히브리 사람의 하나님이 우리에게 나타나셨습니다. 우리가 광야로 사흘 길을 가서, 주 우리의 하나님께 제사를 드릴 수 있게 허락하여 주십시오. 그렇게 하지 않으면, 주님께서 무서운 질병이나 칼로 우리를 치실 것입니다."(출 5:1-3)

모세가 바로에게 요청한 내용을 보니, 출애굽의 목적은 분명합니다. 그것은 하나님의 백성들이 하나님께 제사를 지내고 절기를 지키는 것이었습니다. 다시 말하면, '하나님을 예배하는 것'이 출애굽의 궁극적인 목적이었습니다. 하나님은 그들을 예배하는 백성으로 부르셨습니다. 하나님을 사랑함은 곧 예배였습니다.

예배가 이스라엘의 존재의 목적이라는 관점으로 구약성경을 보면 그림이 분명해집니다. 구약성경은 크게 율법서, 예언서, 성문서(시가서)로 구성되어 있습니다. 이집트에서 400여년 종살이를 하는 동안 정체성을 잃어버린 이스라엘 백성들은 출애굽 이후 무엇보다 거룩한 하나님을 만나고 예배하는 법을 배워야 했습니다. 하나님을 예배하는 백성으로 지켜야 할 계명이 필요했습니다. 또한 구체적인 예배의 방법도 알아야 했습니다. 그러므로 하나님은 그들에게 법을 주시고, 제사의 방법과 절기에 관한 말씀을 주셨습니다. 하나님이 원하신 것은 하나님이 택한 백성들이 하나님을 예배하는 백성이 되는 것이었습니다. "이 백성은 내가 나를 위하여 지었나니 나를 찬송하게 하려 함이니라.”(사 43:21) 이렇듯 하나님을 예배하는 백성으로 세우시기 위해 주신 법이 곧 구약의 율법입니다.

그러나 이스라엘 백성들은 자신들의 본분과 사명을 잊어버렸습니다. 하나님보다 더 의지하는 것이 생겼습니다. 하나님보다 더 사랑하는 것이 생겼습니다. 하나님을 예배함이 귀찮아졌습니다. 하나님을 온전히 예배하지 못했습니다. 하나님이 아니라 바알과 아세라와 온갖 우상을 예배했습니다. 하나님을 의지하지 않고 이집트와 앗수르를 의지했습니다. 사랑의 마음이 떠나니 예배는 형식에 빠지고 말았습니다. 하나님을 향한 마음과 삶이 무너졌습니다. 이때 하나님은 선지자들을 보내어 책망하셨습니다. 예배의 회복을 위해 책망하시고 경고하시는 하나님의 음성, 그것이 바로 구약의 예언서입니다.

하나님을 예배함에는 아름다운 찬양과 기도와 시와 노래가 있습니다. 하나님을 향한 기도와 찬양의 위대한 작품이 바로 시편입니다. 하나님과의 친밀한 교제와 예배의 기쁨을 노래한 것이 아가서입니다. 이처럼 구약의 시가서는 하나님을 향한 찬양과 기도와 아름다운 사랑의 노래로 이루어져 있습니다. 이처럼 구약 성경은 모두 ‘하나님을 예배함’이라는 주제를 중심으로 이루어졌습니다. 하나님은 이토록 택하신 백성이 예배하는 백성, 예배하는 자녀가 되기를 원하셨습니다.

그리스도의 오심

구약의 마지막 책인 말라기서 이후 400년 침묵의 기간이 지나자 예수 그리스도 탄생의 복된 소식이 온 누리에 퍼집니다. 하나님이 이 땅에 메시아 그리스도를 보내심은 죄에 빠져 하나님을 알지 못하는 잃어버린 자들을 구원하셔서 하나님을 예배하는 자들로 회복하기 위함이었습니다. 예수님이 이 땅에 오실 때 온 우주는 예배로 충만했습니다. 하늘의 천군 천사들이 하나님의 구속의 역사를 찬양하고 예배하였습니다. 어둠의 땅에서 메시아를 기다리던 사람들이 구주의 오심을 예배하였습니다. 동방의 박사들이 경배하였고, 들의 목자들이 예배하였습니다.

• 마리아 찬가

아기 예수를 임신한 마리아는 엘리사벳을 방문하여 사랑의 축복을 받은 후 아름다운 찬미의 노래를 이렇게 불렀습니다. "내 영혼이 주님을 찬양하며 내 마음이 내 구주 하나님을 기뻐함은, 그가 이 여종의 비천함을 보살펴 주셨기 때문입니다. 이제부터는 모든 세대가 나를 행복하다 할 것입니다. 힘센 분이 나에게 큰일을 하셨기 때문입니다. 그의 이름은 거룩하고, 그의 자비하심은 그를 두려워하는 사람들에게 대대로 있을 것입니다. 그는 그 팔로 권능을 행하시고 마음이 교만한 사람들을 흩으셨으니, 제왕들을 왕좌에서 끌어내리시고 비천한 사람을 높이셨습니다. 주린 사람들을 좋은 것으로 배부르게 하시고, 부한 사람들을 빈손으로 떠나보내셨습니다. 그는 자비를 기억하셔서, 자기의 종 이스라엘을 도우셨습니다. 우리 조상들에게 말씀하신 대로, 그 자비는 아브라함과 그 자손에게 영원토록 있을 것입니다."(눅 1:46-55) 이 찬미의 노래는 '마니피카트 Magnificat' 곧 '마리아 찬가' 라는 이름으로 불리며 대림절에 많이 읽혀집니다.

• 사가랴의 찬미

'마리아 찬가'에 이어 세례 요한의 아버지 사가랴의 찬양이 뒤따릅니다. "주 이스라엘의 하나님은 찬양받으실 분이시다. 그는 자기 백성을 돌보아 속량하시고, 우리를 위하여 능력 있는 구원

자를 자기의 종 다윗의 집에 일으키셨다. 예로부터 자기의 거룩한 예언자들의 입으로 주님께서 말씀하신 대로 우리를 원수들에게서 구원하시고, 우리를 미워하는 모든 사람들의 손에서 건져내셨다. 주님께서 우리 조상에게 자비를 베푸시고, 자기의 거룩한 언약을 기억하셨다. 이것은 주님께서 우리에게 주시려고 우리 조상 아브라함에게 하신 맹세이니, 우리를 원수들의 손에서 건져주셔서 두려움이 없이 주님을 섬기게 하시고, 우리가 평생 동안 주님 앞에서 거룩하고 의롭게 살아가게 하셨다. 아가야, 너는 더없이 높으신 분의 예언자라 불릴 것이니, 주님보다 앞서 가서 그의 길을 예비하고, 죄 사함을 받아서 구원을 얻는 지식을 그의 백성에게 가르쳐 줄 것이다. 이것은 우리 하나님의 자비로운 심정에서 오는 것이다. 그는 해를 하늘 높이 뜨게 하셔서, 어둠 속과 죽음의 그늘 아래에 앉아 있는 사람들에게 빛을 비추게 하시고, 우리의 발을 평화의 길로 인도하실 것이다."(눅 1:68-79) 이 찬송은 '베네딕투스 Benedictus' 곧 '사가랴의 찬송'으로 불리는데 대림절과 주현절에 읽혀집니다.

• 시므온의 찬미

탄생하신 예수님의 정결예식을 위해 예수님의 부모가 예루살

렘을 찾았을 때에, 선지자 시므온이 아기 예수님을 안고 노래하였습니다. "주님, 이제 주님께서는 주님의 말씀을 따라, 이 종을 세상에서 평안히 떠나가게 해주십니다. 내 눈이 주님의 구원을 보았습니다. 주님께서 이것을 모든 백성 앞에 마련하셨으니, 이는 이방 사람들에게는 계시하시는 빛이요, 주님의 백성 이스라엘에게는 영광입니다."(눅 2:29-32) 이 노래는 '눙크 디미티스 Nunc Dimittis' 곧 '시므온의 찬미'로 불리는데 성탄절기 혹은 부활절기에 읽혀집니다.

예수님이 이 땅에 구세주로 오신 성탄의 사건은 인류 구원이라는 하나님의 놀라운 구속의 역사였습니다. 그러기에 땅에는 사람의 몸을 입으신 하나님의 성육신의 은총을 노래하는 감격의 찬양과 영광이 충만했습니다.

예배가 사명이다

바로 이와 같은 배경 속에서 우리의 주님이신 그리스도 예수님은 모든 율법의 핵심은 하나님을 사랑하는 것이며, 이것이 가장 우선되는 첫째 계명임을 선포하셨습니다. 우리가 그리스도인으로 부름을 받은 것은 예배가 우선인 삶, 예배가 먼저인 삶, 예배가 사명인 삶으로 부름을 받은 것입니다. 예배는 하나님의 자녀가 하나님을 사랑하는 가장 바르고 거룩한 믿음의 표현입니다. 하나님을 예배함은 그리스도인과 그리스도의 몸인 교회가 누리는 거룩하고, 아름답고, 은혜롭고, 감동이 넘치는 신앙생활의 중심적인 예전입니다.

교회의 모든 사역과 존재의 궁극적인 목적은 예배입니다. 물론 전도, 선교, 교육, 봉사도 중요한 목적입니다. 이 모든 것들은 교회의 본질과 사명, 그리고 성도의 삶에서 매우 중요합니다. 그런데 이렇게 바꾸어서 생각해 보면 어떨까요?

전도와 선교의 궁극적인 목적은 무엇일까요? 봉사와 섬김의 궁극적인 목적은 무엇일까요? 그것은 다름 아니라, 이 땅과 열방이 하나님을 예배함을 회복하기 위한 것입니다. 교육과 봉사도 결국 하나님을 예배하는 사람으로, 하나님을 온전히 예배하는 공동체로 세워지기 위함입니다. 이 땅에 하나님의 나라가 실현되어 하나님의 통치와 사랑을 경배하고 찬양하는 그 새 하늘과 새 땅을 향하는 것이 모든 사역의 초점입니다.

예배가 죽어 있으면서 전도와 선교가 살아날 수 없습니다. 예배가 죽어 있으면서 교육이 살아날 수 없습니다. 예배가 죽어 있으면서 봉사와 섬김이 살아날 수 없습니다. 예배의 회복, 예배가 깨어나는 것이 모든 세대의 가장 중요한 일이며, 가장 긴급한 일이며, 진정한 변화와 소망의 시작입니다. 예배는 여러 사역 중 하나가 아닙니다. 예배는 좋은 프로그램의 하나가 아닙니다. 예배는 그 자체가 교회의 존재 방식이며, 존재 목적입니다. 예배는 성도의 삶의 중심입니다.

그러므로 예배가 살아야 성도가 삽니다. 예배가 살아야 영이 삽니다. 예배가 살아야 교회가 삽니다. 예배가 일어나야 교회가 일어납니다. 예배가 일어나야 봉사가 일어납니다. 예배가 일어나야 사역이 일어납니다. 예배가 일어나야 부흥이 일어납니다. 예배가 깨어나야 교회가 깨어납니다. 예배는 선교를 일으킵니다. 예배의 부흥이 지역과 사회의 변화와 부흥을 일으킵니다.

교회는 예배 가운데 삼위의 하나님을 경배합니다. 예배를 통하여 하나님을 향해 나아갈 때 성도는 하나님의 창조의 사랑과 돌보심을 깨닫습니다. 예배를 통하여 성자이신 예수 그리스도의 십자가의 희생과 사랑과 구원의 은총을 기억하며, 감사하고 찬양합니다. 예배를 통하여 성령님의 은사와 역사하심을 경험합니다. 우리가 하나님을 향한 참된 예배자가 될 때, 우리는 하나님이 주신 전도와 선교의 사명에 헌신하게 됩니다. 하나님을 사랑하는 성도에게, 이웃을 사랑할 사명이 주어집니다. 하나님을 향한 사명을 이룰 때, 하나님으로부터 오는 사명을 받게 됩니다. 참된 예배는 우리를 진정한 전도와 선교와 섬김과 성숙으로 뻗어가게 합니다.

예배야말로 모든 교회의 가장 중요한 일이며, 모든 교회의 유일한 일입니다. 좋은 프로그램 없어도 교회일 수 있습니다. 좋은 시설 없어도 교회입니다. 소수의 사람이 모여도 온전한 교회입니다. 구내에 커피숍이 없어도 교회입니다. 그러나 예배가 없으면 참된 교회가 아닙니다. 예배는 교회가 존재하는 궁극적인 목적이며, 교회의 존재 이유입니다. 하나님이 우리를 예수 그리스도의 부활의 공동체로 부르신 것은 곧 예배자로 부르신 것입니다. 예배가 우리의 사명입니다.

성경의 맨 마지막 책은 요한계시록입니다. 계시록은 새 하늘과 새 땅의 예배를 보여줍니다. "그 뒤에 내가 보니, 하늘에 문이 하나 열려 있었습니다. 그리고 전에 내가 들은 그 음성, 곧 나팔 소리와 같이 나에게 들린 그 음성이 "이리로 올라오너라. 이 뒤에 일어나야 할 일들을 너에게 보여 주겠다" 하고 말하였습니다. 나는 곧 성령에 사로잡히게 되었습니다. 그런데 하늘에 보좌가 하나 놓여 있고, 그 보좌에 한 분이 앉아 계셨습니다. 거기에 앉아 계신 분은, 모습이 벽옥이나 홍옥과 같았습니다. 그 보좌의 둘레에는 비취옥과 같이 보이는 무지개가 있었습니다."(계 4:1-3)

계시의 말씀은 이어집니다. "영원무궁 하도록 살아 계셔서 그 보좌에 앉아 계신 분께, 그 생물들이 영광과 존귀와 감사를 드리고 있을 때에, 스물네 장로는 그 보좌에 앉아 계신 분 앞에 엎드려서, 영원무궁 하도록 살아 계신 분께 경배 드리고, 자기들의 면류관을 벗어서, 보좌 앞에 내놓으면서 외쳤습니다. "우리의 주님이신 하나님, 주님은 영광과 존귀와 권능을 받으시기에 합당하신 분이십니다. 주님께서 만물을 창조하셨으며, 만물은 주님의 뜻을 따라 생겨났고, 또 창조되었기 때문입니다."""(계 4:9-11)

하나님의 구원 역사의 완성은 새 하늘과 새 땅의 예배입니다. 사도 바울은 "그러므로 믿음, 소망, 사랑, 이 세 가지는 항상 있을 것인데, 그 가운데서 으뜸은 사랑입니다."(고전 13:13)라고 말씀했습니다. 왜 사랑이 으뜸입니까? 주님이 다시 오시고 새 하늘과 새 땅이 성취될 때 우리의 믿음도 성취되고, 소망도 이루어집니다. 그러나 사랑은 계속됩니다. 천상에서도 사랑은 계속됩니다. 그것은 곧 예배이기 때문입니다.

사랑하는 성도 여러분, 우상이 가득한 세상에서 오직 하나님을 예배하는 참된 예배자가 됩시다. 돈과 권력과 명예와 인기와 외모를 숭배하는 이 시대에 오직 하나님을 높이는 성도가 됩시다. 은혜와 사랑의 하나님께 성도가 드릴 최고의 응답과 사랑은 예배입니다. 우리 모두 하나님이 찾으시는 사람, 참된 예배자가 되기를 축복합니다. 예배의 가치를 새롭게 세웁시다. 예배의 중요성을 다시 확인합시다. 예배의 기쁨을 누리는 성도가 됩시다. 예배가 생명줄입니다. 예배가 능력입니다. 예배가 기쁨입니다. 예배는 우리가 구속받은 이유입니다. 예배가 사명입니다.

성도는 예배자

4

여러분은 주님의 인자하심을 맛보았습니다. 주님께 나아오십시오. 그는 사람
에게는 버림을 받으셨으나, 하나님께는 택하심을 받은 살아 있는 귀한 돌입
니다. 살아 있는 돌과 같은 존재로서 여러분도 집 짓는 데 사용되어 신령한 집
이 됩니다. 그래서 여러분은 예수 그리스도로 말미암아 하나님께서 기쁘게
받으실 신령한 제사를 드리는 거룩한 제사장이 되십니다.

(베드로전서 2:3-5)

예배는 성도를 위한 쇼가 아닙니다. 하나님을 향한 온전한 사랑의 고백
이며 감사의 헌신입니다. 하나님은 예배의 구경꾼을 찾지 않으십니다. 하나
님은 예배의 쇼핑객을 찾지 않으십니다. 하나님은 오직 예배하는 자를 찾으
십니다.

예배에 관해 생각하려면 예배가 무엇인지에 대해 정의를 내려보는 것이 도움이 됩니다. 물론 예배는 정의를 내리는 것에 있지는 않습니다. 예배는 하나님께 드리는 믿음의 거룩한 행위에 있습니다. 그러나 예배가 무엇인지에 대해 바르게 이해하는 것이 필요합니다. 예배에 관한 많은 책들은 예배에 대한 의미와 정의를 내리는 것으로 시작합니다. 그리고 사람마다 책마다 예배에 대한 나름대로의 의미 있는 정의를 내립니다. 예배가 무엇인가에 답하는 것은 예배의 경험과 관계되어 있으며, 따라서 매우 주관적일 수 있습니다.

예배를 한 문장으로 정의한다는 것은 불가능합니다. 하지만 오늘 아침에 우리는 예배를 이렇게 정의해 보겠습니다. '예배는

■ 본 장은 물론 8장과 9장 등은 다음의 책을 통해 큰 도움을 받았습니다. 이유정. 「잠자는 예배를 깨우라」 예수전도단, 2012. 이 책을 직접 읽기를 권합니다.

하나님의 사랑의 계시와 구속하신 은혜의 부르심에 대해 하나님께 감사하고 영광을 돌리는 성도의 가장 바른 믿음과 사랑의 응답이다.' 물론 예배에 대한 완벽한 정의는 없습니다. '하나님을 사랑함'과 '믿음의 응답'이라는 점에서 예배를 정의해본 것입니다. 하나님을 향한 사랑은 예배의 행위로 나타납니다. 예배 없는 하나님 사랑은 없습니다. 하나님의 사랑과 은혜의 부르심에 대해 성도가 감사로 응답하는 것이 예배입니다. 예배는 구원 받은 성도들이 믿음으로 드리는 온전한 사랑이며 거룩한 교제입니다.

예배를 잃어버린 세대

우리 스스로 우리의 예배에 대해 물어봅시다. 지금 우리가 드리는 예배는 생명과 기쁨이 넘쳐나는 참된 예배입니까? 우리의 예배가 생명력이 사라지고 거룩함과 경외함을 잃어버린 예배로 변질되지는 않았습니까? 우리가 예배할 때 하나님과 우리 사이에 아름답고 거룩하고 복된 부르심과 응답의 온전한 소통이 있습니까? 불행하게도 이 시대는 온전하고 참된 예배를 점점 잃어버리고 있습니다. 한국교회에 나타나는 수많은 문제와 질병은 예배를 잃어버린 결과라는 생각이 듭니다. 영광스러운 그리스도의 몸인 교회가 비난의 대상이 되고, 불신과 분열이 판치는 빛과 생명을 잃은 무기력한 종교기관으로 변질되어가는 이유는 외적인 성공만 추구할 뿐 하나님의 부르심에 바르게 응답하지 못한 결과입니다. 이 모든 것은 참된 예배를 상실한 시대의 아픔입니다. 교회와 성도가 안고 있는 문제의 근원은 죽어가는 예배, 바른 예배의 상실에 있습니다. 예배를 잃어버린 성도와 교회의 상황은 매우 심각합니다.

하나님의 영광의 임재하심이 충만해야 할 예배에서 하나님은 보이지 않고 사람만 보입니다. 하나님의 말씀이 희미해지면 사람의 주장만 드러납니다. 하나님의 거룩하신 영광의 임재는 아랑곳하지 않고 자기도취에 빠진 예배도 있습니다. 예배를 잃었다는 것은 하나님 없는 예배로 전락하였다는 말입니다. 예배는 하는데 하나님이 계시지 않은 상태가 되었습니다. 이런 예배에서는 하나님을 인정하지 않으며, 하나님을 높이지도 않습니다. 예배 가운데 하나님을 바라보지 않으며, 하나님을 의식하지도 않습니다. 결국 하나님 없는 예배는 하나님 없는 삶으로 이어집니다. 참된 예배를 잃은 성도는 거룩함을 상실한 채 맛을 잃은 소금처럼 세상에서 무기력한 존재가 됩니다. 우리의 부끄러운 모습은 참된 예배를 잃어버린 결과가 아닐까요? 교회에서 참되고 거룩한 예배가 희귀해진 결과가 아닐까요?

성도 = 예배자

여기서 우리는 '과연 성도는 어떤 존재인지'를 진지하게 물어보아야 합니다. 누가 성도입니까? 성도는 어떤 사람입니까? 이 물음에 대해 반드시 있어야 할 대답의 하나는 '성도는 예배자'라는 것입니다. 성도를 가장 잘 설명하는 단어 중에 하나는 '예배자'입니다. 성도는 예수 그리스도를 믿어 죄에서 자유함을 얻은 구원받은 사람입니다. 그렇다면 이렇게 구원받은 성도는 무엇으로 성도임을 드러냅니까? 성도가 성도임을 드러내는 핵심은 무엇입니까? 그것은 예배입니다.

하나님의 크고 놀라운 구속의 은혜를 입은 성도는 오로지 구원의 은혜를 감사하며 위대하신 하나님의 은총과 사랑을 찬양하고 예배하는 삶을 사는 존재입니다. 성도는 예배자입니다. 그리스도인은 그리스도 예배자입니다. 하나님의 자녀는 하나님을 예배합니다. 우리는 하나님이 주신 은사와 능력과 재능과 경험과 열정과 모든 것을 가지고 하나님의 예배자로 살아갑니다. 그러므로 목사도 예배자요, 장로도 예배자요, 권사도 예배자요, 집사도 예배자요, 모든 성도는 예배자입니다. 우리는 이 명제로부터 출발해야 합니다. 예배를 말하지 않고는 성도를 말할 수 없습니다.

우리는 온전한 성도, 곧 온전한 예배자, 참된 예배자, 하나님이 찾으시는 예배자로 서기 위해 먼저 우리 자신을 돌아보아야 합니다. 여기 몇 가지 질문이 있습니다. 우리 자신을 점검해 보는데 질문만큼 좋은 것은 없습니다. 여러분 스스로 이 질문에 답해 보시기 바랍니다.

예배자인가 구경꾼인가?

우리의 예배를 주의 깊게 살펴보면, 하나님의 영광스러운 임재 앞에서 반응이 없고, 입이 닫혔고, 마음이 닫힌 채 잠에 빠진 경우가 많이 있습니다. 어떤 성도들은 거룩하시고 은혜로우신 하나님의 임재하심과 계시 앞에서 아무런 감격과 기쁨의 반응 없이 잠을 자고 있습니다. 예배는 그냥 시간이 되면 흘러 지나가는 의식이 되고 말았습니다. 이런 현상이 나타나는 이유는 성도가 온전한 예배자로 예배에 참여하지 않기 때문입니다. 예배를 단지 구경만하기 때문입니다. 예배를 관람하기 때문입니다. 예배를 '보려고'하기 때문입니다.

예배 시간에 성도들은 점점 예배자가 아닌 구경꾼으로 전락하고 있습니다. 예배를 드리는 것이 아니라, 예배를 구경합니다. 예배를 평가합니다. 마치 요즘 한참 유행하는 온갖 종류의 음악 TV 프로그램과 같습니다. 사람들은 관중석에서 평가단이 되어서 점수를 매깁니다. 가수의 가창력을 평가하고, 발성과 의상과 표정과 곡 해석 능력등 온갖 요소들을 평가합니다. 그리고 잘 한다고 생각하면 기분 좋게 손뼉을 치고 환호합니다.

예배의 구경꾼이 바로 이와 똑같습니다. 우리가 이처럼 예배의 구경꾼에 불과하다면, 우리는 야구장이나 축구장에 가서 즐겁게 응원하고 소리 지르고 참 멋진 경기였다고 말하며 경기장을 나서는 관중들과 어떤 차이가 있을까요? 예배가 끝나면서 '오늘 예배 참 좋았지? 찬양 좋았지? 설교 좋았지? 강단 장식 멋지지?'라고 말하면서 예배당을 나서는 성도들과 스포츠 경기장의 관중들 사이에 무슨 차이가 있을까요?

문제는 이것입니다. 구경꾼으로 전락한 예배자는 더 이상 참된 예배자가 아닙니다. 예배에 온전히 참여하지 않고 구경하는 사람은 구경꾼일 뿐 진정한 예배자는 아닙니다. 왜 그렇습니까? 예배에서는 오직 하나님만이 예배를 받으시고 기뻐하실 유일한 분이시기 때문입니다. 이런 의미에서 철학자 키르케고르의 말처럼 '하나님이 예배의 유일한 청중'이십니다. 하나님은 예배를 받으시는 유일한 왕이십니다. 우리의 주 그리스도님은 우리의 예배를 받으시는 유일한 주님이십니다.

예배를 구경하고 자기의 생각과 기준과 마음의 만족을 구하는 것은 예배의 중심과 초점이 하나님께 있지 않고, 자기 자신에게 있는 것입니다. 예배를 평가하고 '보는' 예배가 되는 순간 성도는 자기 스스로 예배의 중심과 초점이 되고 자기가 예배를 받는 자가 되는 큰 죄를 짓는 것입니다.

물론 예배를 평가할 수 있습니다. 저는 매 주일마다 예배를 드리고 나면 항상 평가해봅니다. 그러나 그 평가는 예배를 다 드리고 난 후에, 곰곰이 되짚어 보면서 하나님께 온전하게 드리지 못한 것이 무엇인지, 부족했던 부분이 무엇인지, 어떻게 참된 예배를 드릴지 생각하고 묻는 것입니다.

사랑하는 예배자 여러분, 오직 하나님만이 우리의 예배를 받으시며, 우리의 예배의 유일한 청중이심을 기억하십시오. 우리는 오직 하나님께 예배하는 성도임을 기억하십시오. 예배는 성도를 위한 쇼가 아닙니다. 하나님을 향한 온전한 사랑의 고백이며 감사의 헌신입니다. 하나님은 예배의 구경꾼을 찾지 않으십니다. 하나님은 예배의 쇼핑객을 찾지 않으십니다. 하나님은 오직 '예배하는 자'를 찾으십니다. "아버지께 참되게 예배하는 자들은 영과 진리로 예배할 때가 오나니 곧 이 때라 아버지께서는 자기에게 이렇게 예배하는 자들을 찾으시느니라."(요한 4:23)

예배가 운동경기라면 성도는 예배하는 선수이지 구경하는 관중이 아닙니다. 예배의 선수로 뛰어야 할 성도들이 가만히 앉아서 구경꾼에 머물러서는 안 됩니다. 우리는 온전하고 참된 예배자로 '예배의 참여자'가 되기에 힘써야 합니다. 성도들이 구경꾼으로 전락하면, 설교자들도 예배를 준비하면서 하나님보다 성도들을 의식하게 됩니다. 예배가 쇼가 되면 목회자는 하나님께 드릴 예배가 아닌 회중을 만족시킬 예배를 기획하게 됩니다. 이렇게 되면 하나님의 인정이 아니라 성도들의 편리가 초점이 됩니다. 이런 예배는 생명 없는 예배, 영광을 보지 못하는 예배, 진정한 희생과 드림이 없는 껍데기 예배가 되고 맙니다.

예배의 소비자인가 생산자인가?

우리는 자본주의라는 거대한 괴물과 싸우고 있습니다. 자본주의 속에서는 소비가 미덕입니다. 또한 우리는 모든 일에서 무엇인가 자신에게 이익이 있어야 한다는 이기적인 실용주의의 영향 속에서 살고 있습니다. 그래서 예배를 드릴 때에도 무엇인가를 받아야만 한다고 생각합니다. 예배를 통해 얻는 것이 있어야 한다고 생각합니다. 우리는 이 문제를 아주 조심스럽게 생각해 보아야 합니다. 과연 예배의 본질이 무엇일까요? 예배의 초점이 무엇일까요?

물론 우리는 예배를 통하여 하나님의 은혜를 받습니다. 하나님의 위로와 능력을 받습니다. 하나님의 영광을 경험하며 말씀의 큰 은총을 누립니다. 이것은 예배의 매우 중요한 부분입니다. 그러나 이것보다 먼저 와야 할 것이 있습니다. 예배의 우선은 하나님께 드리는 것입니다. 예배의 본질은 하나님께 드리는 것입니다. 예배를 '보면서' 무엇인가를 얻어 가는 것이 아니라, 이미 받은 은혜와 사랑의 감격 속에서 하나님께 우리 자신을 드리는 것입니다. 이것은 우선순위의 문제입니다. 우리는 먼저 하나님을 사랑해야 합니다. 그러면 이웃을 사랑하는 사람으로 성숙합니다. 예배에도 동일한 원리가 적용됩니다. 예배의 본질은 하나님의 영광을 높이고, 하나님의 거룩하심과 전능하심을 찬양하고, 하나님의 은혜에 감사하여 하나님께 드리는 것에 있습니다. 궁극적으로 예배는 하나님의 은혜의 초대에 대한 성도의 감사와 기쁨의 헌신입니다. 참된 예배는 우리가 '하나님을' 예배하는 것입니다. '우리를' 예배하는 것이 아닙니다.

그런데 이 우선순위가 바뀌는 것이 문제입니다. 우리가 예배의 적극적인 참여자요 찬양과 기도와 감사가 넘치는 예배의 생산자가 되지 않는다면, 우리는 단지 예배의 구경꾼이요 소비자로 머무는 한계를 벗어날 수 없습니다. 우리가 이 한계에 갇히면 참된 예배를 기대할 수 없습니다.

목회자는 예배를 통해서 어떻게든 성도들에게 은혜를 끼치고 싶어 합니다. 성도들이 말씀과 찬양과 기도 가운데 하나님의 은혜와 감동을 누리기를 원합니다. 이 소원은 좋은 것이지만 자칫 예배의 초점을 놓칠 수 있습니다. 우리의 예배는 오로지 하나님을 향한, 하나님을 위한, 하나님께 드려지는 예배가 되는 것이 우선이기 때문입니다.

우리 감리교회의 예배는 전통적으로 예배를 통한 성도의 반응과 참여와 누림을 매우 중요하게 여겼습니다. 하나님의 계시와 거룩하신 임재 앞에 온전히 자신을 드리고 반응하면서, 하나님께서 베풀어 주시는 그 은혜와 성령님의 강력하신 역사와 감동의 열정이 타오르는 예배였습니다. 그래서 감리교 예배는 뜨거운 기도, 열정적인 찬양, 강력한 성령님의 기름 부으심이 그 특징이었습니다. 이것은 하나님께 온전히 드릴 때 자연스럽게 주어지는 은혜요 결과입니다. 그런데 하나님께 드리는 것에는 마음을 쓰지 않고, 오직 받는 것에 마음을 쓰는 것으로 변질된 것이 문제입니다. 예배자에게 부어지는 놀라운 은총이 있습니다. 예배자에게 주시는 평화와 기쁨과 소망과 생명력이 있습니다. 이것은 오직 하나님께 드리는 예배의 창조적 생산자가 될 때 누리는 것입니다.

우리의 예배는 어떤 예배입니까? 우리는 예배의 소비자입니까? 아니면, 예배의 거룩한 창조적인 생산자입니까? 소비하려고만 하면 예배자가 아닌 구경꾼이 되고 맙니다. 우리는 예배를 구경하며 소비하려 하지 말고, 예배에 기쁨으로 참여하여 전심으로, 온몸으로 하나님께 드리며 나아가는 예배의 선한 생산자가 되는데 관심을 가져야 합니다. 우리 모두 참된 예배자가 됩시다. '하나님이 찾으시는 예배자'가 바로 당신이기를 축복합니다. 온전한 예배의 회복 없이 성도의 회복은 없습니다. 예배의 회복 없이 가정의 회복은 없습니다. 예배의 회복 없이 교회의 회복은 없습니다. 예배의 회복 없이 사회의 변화와 회복은 없습니다.

예배자인가 사역자인가?

예배에서 매우 심각한 또 다른 증상은 성도들이 자신을 예배자로 인식하지 못하고, 예배자로서의 정체성을 온전히 가지지 못한다는 것입니다. 우리는 신앙생활, 교회생활, 봉사생활에 관심을 가지고 주님의 일을 하는 사역자로 열심히 살면서도 예배자로 존재하는 데는 관심을 두지 않는 경향이 있습니다. 그런데 다시 본질적인 명제로 돌아가면, 성도는 예배자입니다. 예배가 성도의 사명입니다. 그렇다면 성도는 무엇보다 하나님을 예배함에 관심과 초점을 두어야 합니다. 지금 우리가 저지르는 실수는 사역에 헌신하려할 뿐 예배에 헌신하려하지 않는다는 것입니다. 리처드 포스터는 현대의 그리스도인에게 닥친 큰 유혹은 "하나님을 섬기는 것보다 봉사 요청에 응하려고 분주히 돌아다니는 것"이라고 하였습니다. 예배자가 되기 전에 사역자가 되려는 것이 문제입니다.

어떤 성도들은 부활의 생명 공동체인 교회에서 부활의 축제와 영광의 예배자가 되기보다 일에 분주한 사역자가 되는데 관심이 더 많습니다. 영적인 성숙과 성장의 척도는 예배가 아니라, 얼마나 사역에 참여하고 봉사하느냐가 되었습니다. 목회자들이 성도들에게 그렇게 잘못된 신호를 보냈습니다. 예수님을 믿고 교회에 잘 다니면서 신앙이 성장하게 되고, 그래서 어떤 사역에 참여하게 될 때 사람들은 진짜 그리스도인이 되었다고 생각합니다.

우리는 열심히 전도해서 새사람이 등록하면, 말씀을 공부하고, 섬김으로 우리의 교회의 진정한 가족으로 잘 정착되기를 기대합니다. 그런데 여기서 우리는 새가족을 예배자로 세우기보다 일을 하는 사역자로 세우는 데에 관심을 두는 잘못을 범하기 쉽습니다. 예배자가 되는 것보다 사역자가 되는 것이 더 중요한 것으로 생각한다면 큰 잘못입니다.

우리는 사역자(worker) 이전에 예배자(worshipper)로 부름을 받았습니다. 성도에게는 사역보다 예배가 우선입니다. 하나님은 사역자 이전에 예배자를 찾으시기 때문입니다. 예배 없이 하는 사역은 매우 위험합니다. 우리는 온전한 예배자가 된 후에야 비로소 참된 사역자가 될 수 있습니다. 성도의 사명은 예배이며, 사역은 예배에서 흘러나오기 때문입니다.

왕의 제사장

예배하는 자를 찾으시는 하나님은 우리를 분명히 예배자로 부르셨습니다. 베드로 사도의 말씀은 이것을 더욱 확실하게 밝혀줍니다. "여러분은 주님의 인자하심을 맛보았습니다. 주님께 나아오십시오. 그는 사람에게는 버림을 받으셨으나, 하나님께는 택하심을 받은 살아 있는 귀한 돌입니다. 살아 있는 돌과 같은 존재로서 여러분도 집 짓는 데 사용되어 신령한 집이 됩니다. 그래서 여러분은 예수 그리스도로 말미암아 하나님께서 기쁘게 받으실 신령한 제사를 드리는 거룩한 제사장이 됩니다."(벧전 2:3-5) 우리는 예수 그리스도로 말미암아 하나님께서 받으실 '신령한 제사' 곧 예배를 드리는 거룩한 제사장으로 부름을 받았다는 것입니다! 우리는 거룩한 제사장입니다. 그러므로 우리는 제사를 드리는 일에 달인이어야 합니다. 그리스도의 보혈로 거듭난 성도가 가장 먼저, 가장 소중하게, 가장 가치 있게 해야 할 일은 주님을 예배하는 일입니다.

사도 베드로는 계속해서 말씀합니다. "여러분은 택하심을 받은 족속이요, 왕과 같은 제사장들이요, 거룩한 민족이요, 하나님의 소유가 된 백성입니다. 그래서 여러분을 어둠에서 불러내어 자기의 놀라운 빛 가운데로 인도하신 분의 업적을, 여러분이 선포하는 것입니다."(벧전 2:9) 우리는 이 말씀을 들어 '만인제사장설'을 말합니다. 그런데 이와 함께 우리가 신령한 제사를 드리는 제사장으로 세워졌다는 것을 잊으면 안 됩니다. 우리가 가장 먼저 해야 할 일은 세상으로 나아가기 전에 하나님께 나아가는 것입니다. 세상으로 나아가기 전에 우리의 왕 예수 그리스도님 앞에 나아가 예배하는 것입니다.

사랑하는 성도 여러분, 우리는 거룩한 예배자임을 기억합시다. 우리 모두 하나님이 찾으시는 예배자, 바로 그 예배자가 되기를 축복합니다. 우리 모두 예배의 거룩한 생산자, 예배의 뜨거운 참여자, 예배의 선수, 하나님이 찾으시는 참된 예배자가 되기를 축복합니다! 우리는 예배자입니다!

5

하나님의 영광

그들은 큰소리로 노래를 부르며 화답하였다. "거룩하시다, 거룩하시다, 거룩하시다. 만군의 주님! 온 땅에 그의 영광이 가득하다." 우렁차게 부르는 이 노랫소리에 문지방의 터가 흔들리고, 성전에는 연기가 가득 찼다. 나는 부르짖었다. "재앙이 나에게 닥치겠구나! 이제 나는 죽게 되었구나! 나는 입술이 부정한 사람인데, 입술이 부정한 백성 가운데 살고 있으면서, 왕이신 만군의 주님을 만나 뵙다니!" 그 때에 스랍들 가운데서 하나가, 제단에서 타고 있는 숯을, 부집게로 집어, 손에 들고 나에게 날아와서, 그것을 나의 입에 대며 말하였다. "이것이 너의 입술에 닿았으니, 너의 악은 사라지고, 너의 죄는 사해졌다." 그 때에 나는 주님께서 말씀하시는 음성을 들었다. "내가 누구를 보낼까? 누가 우리를 대신하여 갈 것인가?" 내가 아뢰었다. "제가 여기에 있습니다. 저를 보내어 주십시오."

(이사야 6:3-8)

하나님의 영광을 경험하는 예배는 우리의 성품을 변화시킵니다. 우리의 성품이 변화되면 우리의 삶이 변하고, 가치가 변하고, 인생이 변합니다. 거룩하시고 자비하시고 온전하시고 영화로우신 하나님의 임재 가운데 예배를 드리고 경험하면서 우리는 하나님의 성품을 닮아갑니다. 우리의 영이 하나님을 뵙기 때문입니다. 우리의 영이 하나님을 호흡하기 때문입니다. 하나님의 영이 우리를 지도하시기 때문입니다.

우리 교회의 비전은 '하나님을 기쁘시게, 사람을 복되게'입니다. 이것은 우리가 꿈꾸며, 우리가 향하는 교회의 모습입니다. 하나님을 기쁘시게 하는 비전의 핵심은 바로 예배입니다. 예배는 하나님을 믿는 모든 사람들, 모든 교회들이 가지고 있는 가장 중요하고 핵심적인 사명입니다. 예배는 교회의 모든 목적 중에서도 가장 중요한 목적입니다. 예배하지 않는 그리스도인은 존재할 수가 없듯이, 예배하지 않는 교회는 더더욱 존재할 수 없습니다. 믿는 사람들이 모인 공동체인 교회는 그 무엇보다도 예배 공동체입니다. 예배는 교회의 존재 이유이며, 교회가 존재하는 목적이며, 교회가 행하는 가장 핵심적인 신앙 활동입니다. 예배에 성공하는 교회, 예배에 성공하는 성도가 되는 것은 매우 중요한 일입니다. 저는 우리 교회가 감동적이고 생명력이 넘치고 은혜가 넘치는, 참된 예배를 드리는 교회가 되기를 열망하며, 우리가 함께 그렇게 성장하기를 기도합니다.

거룩한 만남

예배는 우리가 하나님과 만나는 위대한 사건입니다. 이 사건은 하나님의 은혜의 초대로부터 시작됩니다. 하나님께서 우리를 초대하시고 부르시지 않으셨다면 예배는 불가능합니다. 그러므로 예배의 자리에 있는 우리는 모두 하나님으로부터 초대받은 행복한 사람들입니다. 하나님은 모든 사람을 부르셨지만 그 부르심에 반응하여 예수님을 믿고 영접한 자녀들만이 이 놀라운 초대의 기쁨을 누립니다. 이렇듯 예배는 하나님의 부르심에 믿음으로 응답하여 나아오는 백성들과 하나님이 만나는 거룩한 사건입니다. 예배의 시작 부분에 '예배로 부름'이라는 순서가 있습니다. 하나님이 우리를 부르시고 초대하신 은혜로 말미암아 우리의 예배가 가능합니다. 물론 하나님은 '예배로 부름' 순서 이전에 이미 예배의 자리에 임재하십니다. 그러나 이러한 순서를 통해서 우리는 우리를 은혜의 자리로 부르시며, 하나님의 현존 앞으로 우리를 초대하시는 하나님의 은총의 사랑을 생각하고, 깨닫고, 감사함으로 나아오게 됩니다. 그러므로 하나님이 계시지 않는다면 그것은 예배가 될 수 없습니다. 사람들의 행사는 될 수 있습니다. 집회나 파티도 될 수 있습니다. 어떤 예식도 될 수 있습니다. 그러나 하나님이 계시지 않는다면 아무리 많은 사람이 모였어도 '예배'는 될 수 없습니다.

결국 예배는 은총의 부르심 앞으로 나아가 하나님을 만나는 경험의 사건입니다. 이 사건의 중심에 하나님이 계시며, 우리는 예배 가운데 임재하신 하나님을 마주함으로 영혼이 떨리는 만남의 역사가 일어납니다. 그러므로 우리는 예배의 자리에 올 때마다 거룩하신 하나님을 만난다는 그 뜨거운 사랑의 경험을 기대하며 준비해야 합니다.

하나님의 영광을 경험함

'예배를 잘 드렸다, 예배가 감동이었다, 은혜를 받았다'는 것은 하나님과의 놀라운 만남의 경험을 말하는 것입니다. 하나님을 만나지 못한다면 예배는 실패한 것입니다. 우리가 하나님과의 만남에 실패한다면 그 어떤 삶도 의미를 가질 수 없습니다. 예배에 성공한다는 것은 예배를 통하여 하나님을 만난다는 것이며, 우리가 하나님을 만나는 경험의 핵심은 곧 하나님의 영광을 경험하는 것입니다.

하나님의 영광을 경험하지 못할 때 그리스도인의 삶은 실패로 이어집니다. 그러므로 우리는 하나님의 영광을 경험하는 예배, 하나님의 거룩하심을 경험하는 예배가 되도록 힘써야 합니다. 사랑하는 성도 여러분, 우리가 하나님의 자녀로 택함을 받아 하나님을 예배하는 이 복된 자리에 설 때마다 하나님의 영광을 기대하시기 바랍니다. 하나님의 영광을 사모하시기 바랍니다. 하나님의 영광을 갈망하시기 바랍니다. 우리가 하나님의 영광을 경험한다면 우리의 전 존재가 새로워집니다. 인생이 달라지고, 놀라운 변화가 일어납니다. 우리에게 부어지는 가장 큰 복은 바로 하나님의 영광의 얼굴을 경험하는 것입니다.

하나님은 모세를 통하여 제사장들이 하나님의 백성들을 축복할 때 이렇게 하라고 구체적인 말씀을 주셨습니다. "여호와께서 여러분에게 복을 주시고 여러분을 지켜주시기를 원하며, 여호와께서 여러분을 밝은 얼굴로 대하시고 여러분에게 은혜 베푸시기를 원하며, 여호와께서 그 얼굴을 여러분에게로 향하여드사 평강 주시기를 원하노라."(민 6:24-26) 이 축복문을 '아론의 축복'이라고 합니다. 이 축복문에서 하나님은 빛나는 얼굴로 자녀들을 대하시며, 하나님의 광채가 자녀인 우리들에게 가장 큰 복임을 나타냅니다. 영광의 하나님은 성도에게 최고의 복입니다.

이사야 선지자는 웃시야 왕이 죽은 해에, 성전에 가득한 연기 속에서 거룩하고 거룩하신 하나님의 영광을 경험하였습니다. 하나님의 영광이 충만한 성전에서 그는 자신의 모습이 완전히 드러나는 놀라운 경험을 하였습니다. 그는 성전에서 경험한 하나님의 영광으로 인하여 절망한 시대에 소망을 가지게 되었고, 부정한 삶에 성결함이 회복되었으며, 인생의 사명과 비전을 보게 되었습니다. 예배 가운데 하나님의 영광을 경험하는 것은 우리 인생을 완전히 새롭게 하며, 치유하며, 회복하며, 담대하게 하며, 결단하게 하며, 온전한 사명자로 변화시키는 크신 하나님의 은총입니다.

이것이 우리가 사모하는 예배입니다. 이것이 우리의 비전입니다. 하나님의 영광을 사모하고 경험하는 우리의 예배가 되기를 축복합니다. 하나님의 영광 앞에 거룩한 변화와 도전의 역사가 계속되는 예배자의 삶이되기를 축복합니다.

- 말씀으로

그러면 우리가 어떻게 하나님의 영광과 거룩하심을 경험할 수 있을까요? 영광과 거룩함은 하나님과 분리되어 있는 것이 아닙니다. 하나님이 곧 영광이며 거룩이십니다. 그러므로 우리가 예배 가운데 하나님을 경험할 때에 자연스럽게 영광과 거룩을 경험하게 됩니다. 무엇보다도 우리는 말씀을 통하여 하나님을 만납니다. 바울은 디모데에게 보낸 편지에서 "모든 성경은 하나님의 영감으로 된 것"(딤후 3:16)이라고 하였습니다. 하나님의 말씀인 성경은 하나님의 영감으로 기록되었습니다. 영감으로 기록된 말씀은 곧 살아계신 하나님이 우리 가운데 거하시는 모습입니다. 하나님의 말씀이 읽혀지고, 묵상되고, 선포될 때 하나님이 우리 각 사람에게 다가오시고 말씀하십니다. 우리를 책망하십니다. 우리를 권고하십니다. 우리를 격려하십니다. 우리를 인도하십니다. 우리를 주장하십니다. 우리를 사랑하십니다.

모든 예배에는 설교가 있습니다. 설교는 곧 하나님의 말씀을 선포하는 것입니다. 하나님은 말씀으로 우리 가운데 임재하시며, 그 영광과 거룩하심을 드러내십니다. 설교는 하나님께서 우리에게 말씀하시는 가장 중요한 자리입니다. 그러므로 우리는 설교를 통하여 하나님의 음성 듣기를 힘써야 합니다. 하나님의 음성에 마음이 열려야 합니다.

　헨리 비처(Henry W. Beecher)라는 유명한 설교자가 있었습니다. 그분의 여동생인 해리엇 스토우(Harriet B. Stowe)는 '톰 아저씨의 오두막'이라는 책으로 유명한 분이기도 합니다. 헨리 비처 목사님이 어느 날 뉴욕의 큰 교회에서 주일 설교를 하게 되자 교회는 이 일을 널리 알렸습니다. 그런데 예정된 주일이 되었을 때 비처는 갑작스러운 병으로 오지 못하게 되었고, 교회와 상의하여 그의 동생을 대신 설교자로 세우기로 하였습니다. 주일 아침 이 교회의 예배실은 초만원이 되었습니다. 유명한 헨리 비처의 설교를 들으러 사방에서 사람들이 몰려들었습니다. 예배가 시작되고 설교 순서가 되자 담임 목사님은 헨리 비처가 오지 못하고 동생인 토마스 비처(Thomas Beecher)가 대신 설교를 하게 되었다고 소개하였습니다. 그러자 어떤 교인들은 자리를 떴습니다. 그때 강단에 선 토마스 비처는 이렇게 말했다고 합니다. '저의 형님이 갑작스러운 병으로 이 예배에서 설교하지 못하게 되어 사과드립니다. 그러나 지금 자리에서 일어나고 계신 분들 외에도 혹시 헨리 비처를 예배하기 위해 온 분이 있다면 일어나서 퇴장해 주십시오. 우리는 오늘 헨리 비처가 아닌 하나님을 예배하기 위해 이 자리에 모였기 때문입니다.' 그날 예배에는 놀라운 하나님의 영광이 임하였다고 합니다.

그렇습니다. 예배의 중심에는 하나님의 말씀이 계십니다. 설교는 사람이 하는 말이 아니라, 하나님께서 설교자를 사용하셔서 우리에게 말씀하시는 것입니다(살전 2:13). 그러므로 사람을 보고 설교를 듣는 것은 바른 자세가 아닙니다. 우리는 진실로 말씀을 통해 하나님을 만나기를 열망하며, 하나님의 말씀 듣기를 사모하는 심령이 되어야 합니다. 우리 모두 언제나 말씀 가운데 하나님의 영광을 경험하고, 하나님의 크고 놀라운 은혜 누리기를 사모해야합니다.

• 성례전으로

하나님의 영광의 임재를 경험하는 또 다른 중요한 길은 성찬 예전입니다. 현재 대부분의 개신교회에서는 성찬예식을 자주 행하지 않습니다. 이렇게 성찬식을 자주 행하지 않는 데는 이유가 있습니다. 종교개혁 당시 종교개혁자들은 로마 중심의 서방 교회에서 성찬을 오용하는 것을 거부하면서, 성찬을 중요하게 여기면서도 예배에서 성찬을 강조하지 않았고, 그 전통이 오늘날에도 그대로 내려오고 있는 것입니다. 당시 서방 교회인 가톨릭의 성찬식은 지나치게 신비적이고 상징적이고 미신적인 요소까지 있었습니다. 그러다 보니 종교 개혁자들은 바른 성찬을 추구하였는데, 오히려 성찬을 멀리하게 된 결과를 낳았습니다.

성찬예식 자체가 문제인 것은 아닙니다. 성찬예식이야말로 매 주일 살아계신 하나님의 임재하심과 예수님의 십자가의 구속의 은혜와 부활의 주님이신 예수 그리스도님을 경험하는 놀라운 은혜의 수단입니다. 실제로 많은 종교개혁자들도 성찬의 중요성을 결코 놓치지 않았습니다. 예수님은 성찬에 대해 "이를 행하여 나를 기념하라"(눅 22:19, 고전 11:24-25)고 말씀하셨습니다. 감리교의 창시자 존 웨슬리 목사님은 평생 성찬을 소중히 여기고 성찬을 받는 삶에 힘썼습니다. 오늘 예배에서도 우리는 성찬예식을 행합니다. 우리는 성찬을 통하여 창조주 하나님께 감사하며 찬양합니다. 예수님의 십자가 구속의 은총을 기억하며 감사합니다. 우리는 부활하신 주님을 감사하며 경배합니다. 우리는 다시 오실 주님을 선포합니다. 거룩하신 주님의 영광을 누립니다.

• 찬양과 기도로

우리는 예배 가운데 찬양과 기도를 통하여 하나님을 경험합니다. 찬송을 부를 때 우리는 하나님의 영광을 경험합니다. 마음을 열어 기도를 드릴 때 우리는 하나님의 만지심과 역사하시는 은혜를 누립니다. 말씀과 성례전과 기도와 찬송은 예배의 가장 핵심적인 요소이며, 이 요소는 모두 하나님을 경험하는 놀라운 은혜의 통로가 됩니다. 우리는 예배 가운데 하나님의 하나님 되심을 인정하며 그분의 영광 앞에 엎드립니다.

요한계시록 4장에는 천상의 예배 모습이 그려져 있습니다. 24장로들이 하나님의 보좌 앞에 영광을 돌리며 이렇게 외칩니다. "우리의 주님이신 하나님, 주님은 영광과 존귀와 권능을 받으시기에 마땅하신 분이십니다."(계 4:11) 그렇습니다. 주님은 경배를 받으시기에 합당하신 분이십니다. 영광과 존귀와 권능은 하나님의 것입니다. 우리가 예배에서 기대하고 바라보고 찬송하는 것은 바로 하나님의 영광입니다. 하나님의 영화로우심입니다.

성품의 변화

예배 가운데 하늘의 시야를 가지게 될 때 우리의 사명과 꿈이 드러나듯이, 하나님의 영광을 경험하는 예배는 우리의 성품을 변화시킵니다. 우리의 성품이 변화되면 우리의 삶이 변하고, 가치가 변하고, 인생이 변합니다. 거룩하시고 자비하시고 온전하시고 영화로우신 하나님의 임재 가운데 예배를 드리고 경험하면서 우리는 하나님의 성품을 닮아갑니다. 우리의 영이 하나님을 뵈옵기 때문입니다. 우리의 영이 하나님을 호흡하기 때문입니다. 하나님의 영이 우리를 지도하시기 때문입니다. 이처럼 바르고 참된 예배는 궁극적으로 성도를 바른 삶으로 인도합니다. 그러므로 예배의 성공이 인생의 성공이 됩니다. 예배를 잘 드리면 인생이 변화됩니다. 예배 가운데 하나님의 영광을 경험하는 것보다 더 큰 기쁨과 감격은 없습니다.

사랑하는 성도 여러분, 예배마다 하나님의 영광의 광채를 경험하는 복된 예배자가 되기를 축복합니다. 예배를 드릴 때마다 하나님의 영광을 사모하십시오. 하나님의 영광을 기대하십시오. 예배 가운데 하나님의 영광을 뵈올 준비를 하십시오. 준비된 예배에 은혜와 영광이 나타납니다. 하나님의 영광을 경험하며 하나님을 닮아가는 성화의 삶을 살아가는 복된 예배자가 되기를 축복합니다.

6

삼위의 예배

그러나 여러분은 택하심을 받은 족속이요, 왕과 같은 제사장들이요, 거룩한 민족이요, 하나님의 소유가 된 백성입니다. 그래서 여러분을 어둠에서 불러내어 자기의 놀라운 빛 가운데로 인도하신 분의 업적을, 여러분이 선포하는 것입니다.

(베드로전서 2:9)

우리가 예배하는 거룩한 공간에는 언제나 예수 그리스도의 십자가가 있습니다. 십자가는 우리의 예배의 핵심이며, 예배의 이유이며, 예배의 내용입니다. 예배를 드릴 때마다 십자가에 초점을 맞추십시오. 항상 십자가를 바라보십시오. 매 순간 십자가를 생각하십시오. 십자가를 품으십시오.

우리는 오늘도 거룩하신 하나님 앞에 예배자로 모였습니다. 오늘 아침 우리는 하나님을 예배하기 위해 모였습니다. 우리가 오늘 예배당에 온 것은 많은 이유와 목적이 있겠지만 가장 중요한 것은 바로 하나님을 예배하기 위한 것입니다. 성도들을 만나서 교제를 나누고, 성경을 공부하고, 중요한 사역을 하는 것도 의미 있는 일입니다. 그러나 그런 것을 다 잘 해낸다 하더라도 예배하는데 실패한다면 우리는 오늘 바르고 참된 그리스도인이 되기엔 부족한 성도가 되고 말 것입니다.

예배의 핵심은 하나님을 만나는 것입니다. 우리가 예배에서 만나는 하나님은 우리를 사랑하시고 구속하여 주신 하나님입니다. 그러므로 예배는 예수 그리스도 안에서 보여주신 하나님의 구속의 사랑과 은혜에 대해 적극적이고 자발적으로 응답하고 반응하는 것입니다. 우리의 응답은 하나님의 사랑과 은혜에 대한 감사와 기쁨의 응답입니다. 예배는 예수 그리스도 안에서 우리를 구속하여 주신 하나님의 사랑이 현재에도 함께 하시며 앞으로도 역사하실 것을 신뢰하고 기대함으로 기뻐하는 축제입니다.

궁극적으로 예배는 하나님께서 그리스도 안에서 행하신 놀라운 일을 감사하고 찬양하는 것입니다. 그 일은 곧 그리스도의 십자가의 죽음과 부활을 통해 베풀어주신 은혜와 구원의 역사입니다. 우리의 예배는 하나님의 구원의 은혜와 역사에 감격하며 하나님을 경외하고 찬양하고 감사하고 헌신하는 것입니다. 그러므로 예배는 하나님의 사랑을 받은 자녀들이 하나님을 만나는 기쁨의 축제입니다. 우리는 예배를 통하여 예수 그리스도의 이름으로 나아와 하나님을 만납니다. 따라서 예배의 핵심은 곧 하나님의 임재하심입니다. 하나님이 계시지 않으면 우리는 만날 수 없기 때문입니다.

예배 가운데 하나님이 임재하실 때 하나님의 영광이 충만한 예배가 됩니다. 하나님의 진리가 충만한 예배가 됩니다. 하나님의 영광의 빛으로 어둠의 세력이 물러가고, 치유와 회복의 역사가 일어납니다. 상한 마음이 온전하여집니다. 몸과 마음의 상처가 치유됩니다. 응어리진 마음이 풀어지며, 꼬이고 막힌 인생이 열립니다. 진리와 생명과 소망의 하나님이 함께하시기 때문입니다.

예배는 형식이나 의식이나 절차 이상입니다. 물론 예배의 순서가 있습니다. 그러나 모든 순서는 하나님께 온전히 나아가기 위한 도구입니다. 하나님을 온전히 뵈옵기 위한 수단입니다. 우리가 온전한 예배를 드릴 때 살아계신 하나님을 만나며, 하나님과 만남으로 우리의 생각이 변화되고, 가치가 달라지고, 삶이 새로워지며, 예수님을 닮아가는 거룩한 영광의 모습으로 변화되는 성화의 역사가 일어납니다. 예배를 바르게, 진실하게, 참되게, 잘 드리면 하나님을 만나고, 그 인생의 모든 것이 달라집니다.

그러면 우리가 이렇게 하나님께 최고의 경배를 드리는 예배의 내용은 무엇이어야 할까요? 우리의 모든 예배는 삼위의 하나님 곧 성부 하나님, 성자 예수 그리스도, 성령 하나님으로 이루어집니다. 예배의 내용은 삼위의 하나님입니다. 삼위란 하나님 아버지, 아들 예수 그리스도님, 그리고 성령님을 일컫는 말입니다. 한 분 하나님이시지만, 우리에게 세 가지의 위격으로 나타나시고 일하시고 감동하십니다.

성부 하나님

먼저 예배는 하나님께 대한 경배와 찬양과 영광과 존귀를 드리는 것입니다. 성부 하나님은 창조주 하나님이십니다. 하나님은 거룩하신 창조주로 온 우주 만물 가운데 충만하시며, 우주 만물을 운행하시고 새롭게 하시는 분이십니다. 또한 창조주 하나님은 불순종과 죄로 타락한 사람을 구속하시어 새로운 피조물로 창조하시는 하나님이십니다.

그러므로 모든 예배는 피조물인 인간이 창조주 하나님, 구원의 주 하나님을 높이고 찬양하고 감사하는 내용으로 이루어집니다. 우리의 찬양과 경배를 받으실 분은 오직 창조주 하나님이십니다. 예배는 하나님의 영광이 빛나고, 하나님의 구속의 역사를 기억하는 놀라운 시간이며 사건입니다. 우리의 모든 찬양과 기도와 고백은 창조주 하나님의 위대하심과 긍휼하심과 인도하심과 구속의 은혜와 역사에 대한 최선의 응답입니다.

우리는 '예배로 부르심' 혹은 '시작하는 기도' 등을 통해 우리를 부르시고 사랑과 구속의 자리로 초대하시는 하나님의 음성을 듣습니다. 우리는 '경배 찬송'을 통해 하나님의 위대하심을 드높입니다. 우리는 '영광송'을 통해 하나님의 영광을 선포합니다. 우리는 소리 높여 찬양하고, 진실한 마음으로 기도하며, 믿음으로 신앙을 고백합니다.

우리가 예배할 때 우리는 하늘의 예배에 동참합니다. 이사야 선지자는 하늘의 영광스러운 예배를 환상 가운데 보고 이렇게 기록했습니다. "내가 본즉 주께서 높이 들린 보좌에 앉으셨는데 그의 옷자락은 성전에 가득하였고 스랍들이 모시고 섰는데 각기 여섯 날개가 있어 그 둘로는 자기의 얼굴을 가리었고 그 둘로는 자기의 발을 가리었고 그 둘로는 날며 서로 불러 이르되 거룩하다 거룩하다 거룩하다 만군의 여호와여 그의 영광이 온 땅에 충만하도다 하더라. 이같이 화답하는 자의 소리로 말미암아 문지방의 터가 요동하며 성전에 연기가 충만한지라."(사 6:1-4)

사도 요한도 하늘의 예배를 보고서 그 감격스러운 모습을 이렇게 말했습니다. "큰 음성으로 이르되 죽임을 당하신 어린 양은 능력과 부와 지혜와 힘과 존귀와 영광과 찬송을 받으시기에 합당하도다."(계 5:12) 계시록은 전체가 궁극적으로 악의 세력을 이기신 하나님께 모든 경배와 찬양을 드리는 예배의 기록입니다. 모든 예배에서 창조주 하나님을 향한 경배와 찬양은 매우 중요한 내용을 차지합니다.

구세주 예수 그리스도

모든 예배의 내용에는 창조주 하나님뿐만 아니라 구세주 예수 그리스도를 통해 나타난 하나님의 구속의 역사가 담겨 있습니다. 모든 예배의 기초와 근원은 예수 그리스도 안에서 이루신 하나님의 구속의 역사입니다. 유대인들에게 하나님의 구속 사건은 출애굽이었습니다. 그래서 유대인의 예배는 출애굽 사건에 뿌리를 두고 있습니다. 그들은 예배를 통해서 출애굽 사건을 반복적으로 이야기하고, 전수하고, 경험하고, 맛보면서 지속적으로 하나님의 백성으로서 자신의 존재를 확인하고 다시금 출애굽을 경험합니다. 그러기에 유대인에게 삶에서 가장 중요한 사건을 묻는다면 그것은 유월절 곧 출애굽 사건입니다. 유대인들은 예배를 통하여 출애굽 사건을 회상하고 약속의 땅을 바라봅니다. 이 역사적인 이야기를 여러 가지 방법으로 경험할 때 하나님의 신실하심은 더욱 공고해지며, 하나님의 자비하심을 기억할 때 그들의 공동체와 개인 속에 진정한 소망이 생겼습니다. 이스라엘 백성은 출애굽 사건과 시내산에서 주신 말씀을 통하여 하나님의 구속의 은혜로 언약백성이 되었습니다.

우리 그리스도인들에게 가장 중요한 하나님의 구속의 역사는 그리스도 사건입니다. 그리스도 사건은 예수님의 성육신과 십자가의 고난과 죽으심과 부활을 통해 역사적으로 확실하게 드러났습니다. 그리스도인들에게 출애굽은 예수 그리스도의 구속 사건의 예표입니다. 예수 그리스도의 구속 사건은 곧 제2의 출애굽입니다. 하나님은 우리를 죄 가운데 버려두지 않으시고 예수 그리스도의 성육신을 통하여 우리 가운데 오셨습니다.

그러므로 우리들은 예배하기 위해 모일 때마다 하나님의 영광을 선포하며, 예수 그리스도를 통해 드러난 하나님의 구속의 이야기를 선포하고 기억합니다. 베드로는 이 사실을 이렇게 기록하였습니다. "그러나 여러분은 택하심을 받은 족속이요, 왕과 같은 제사장들이요, 거룩한 민족이요, 하나님의 소유가 된 백성입니다. 그래서 여러분을 어둠에서 불러내어 자기의 놀라운 빛 가운데로 인도하신 분의 업적을, 여러분이 선포하는 것입니다."(벧전 2:9) 우리는 예배를 통하여 하나님이 행하신 놀라운 구속의 역사와 그리스도의 업적을 선포합니다. 예수 그리스도의 구속의 역사에 대한 우리의 반응이 예배의 핵심적인 내용입니다.

결국 모든 기독교 예배는 '그리스도 중심적'입니다. 예배의 초점은 그리스도가 되십니다. 하나님의 영광과 하나님의 놀라운 구속의 역사와 예수 그리스도님이 모든 예배의 초점과 목적이 됩니다. 우리는 예배할 때마다 예수 그리스도의 구속의 이야기를 기억하고, 선포하고, 감사하고, 새롭게 경험합니다. 그리스도 중심인 우리의 예배는 '사건 지향적'입니다. 의미 있는 사건을 중심으로 이루어진다는 말입니다. 그 사건이 바로 '예수 그리스도의 십자가 사건'입니다. 요한계시록 4장과 5장에 기록된 것처럼 하늘의 예배를 통해 사도 요한이 본 것은 그리스도와 그의 구속 사건에 초점을 둔 예배였습니다.

우리가 예배하는 거룩한 공간에는 언제나 예수 그리스도의 십자가가 있습니다. 십자가는 우리의 예배의 핵심이며, 예배의 이유이며, 예배의 내용입니다. 예배를 드릴 때마다 십자가에 초점을 맞추십시오. 항상 십자가를 바라보십시오. 매 순간 십자가를 생각하십시오. 십자가를 품으십시오.

뿐만 아니라 우리가 예배 가운데 나누는 성찬은 바로 그리스도의 몸과 피를 나누는 가장 중요한 예전입니다. 성찬의 빵과 잔을 통해 우리는 그리스도의 성육신과, 십자가의 희생과, 사랑과 은총을 '기억'하며 되새깁니다. 그리스도의 살과 피, 즉 그분의 생명을 나누고 경험합니다. 그리스도께서 우리를 위한 구속의 제물이 되심을 감사하고 기뻐합니다. 또한 부활하셔서 지금 우리와 함께하시는 주님을 기뻐하며 감사합니다. 이처럼 성찬은 예수 그리스도 중심적 예배의 핵심이 됩니다. 예수 그리스도는 예배의 중심 내용입니다. 예배를 드릴 때마다 십자가의 능력이 넘치기를 축복합니다. 십자가의 은혜와 사랑이 함께하시기를 축복합니다. 십자가의 사랑과 보혈의 뜨거운 감동으로 용서와 치유와 회복의 역사가 십자가를 통하여 넘쳐나는 예배가 되기를 축복합니다.

성령님

예배의 모든 내용에는 성령님이 계십니다. 예수님은 예배를 말씀하시면서 "아버지께 참되게 예배하는 자들은 영과 진리로 예배할 때가 오나니 곧 이 때라 아버지께서는 자기에게 이렇게 예배하는 자들을 찾으시느니라. 하나님은 영이시니 예배하는 자가 영과 진리로 예배할지니라."(요 4:23-24)고 하셨습니다. 예배를 통해 우리는 성령님을 부르며(invoke), 우리 가운데 함께하시는 하나님의 영은 우리를 예배의 중심으로 인도하십니다. 우리를 진리로 이끄시며, 말씀을 가르치시고 훈계하십니다. 우리의 예배는 메마른 의식과 순서가 아니라, 생명이 약동하는 예배, 역동적인 성령님이 역사하시는 예배입니다. 우리가 우리의 영으로, 진실함으로 예배할 때 성령님은 우리 가운데 놀라운 일을 하십니다. 성령님이 살아 역사하실 때 예배의 모든 순서마다 생명이 넘치게 됩니다. 예배가 살아 있게 하시는 분이 성령님이시며, 성령님은 예배의 진정한 인도자가 되십니다. 사도 바울은 말씀합니다. "하나님의 영으로 예배하며, 그리스도 예수 안에서 자랑하며, 육신을 의지하지 않는 우리들이야말로 참으로 할례 받은 사람입니다."(빌 3:3) 참된 예배는 언제나 성령님의, 성령님에 의한, 성령님 안에서 이루어지는 예배입니다.

사랑하는 성도 여러분, 예배를 드릴 때마다 성령님의 임재하심과 감동하심과 역사하심을 사모합시다. 영과 진리로 드리는 예배를 준비하며 간절한 기도로 성령님을 사모합시다. 찬송과 말씀과 기도와 헌신 가운데 성령님의 임재하심을 기대합시다. 성령님께서 우리를 깨닫게 하시고, 감동케 하시고, 뉘우치게 하시고, 결단하게 하심에 기쁨으로 순종합시다.

우리의 예배의 내용은 성부 하나님, 성자 예수 그리스도, 성령 하나님입니다. 예배 가운데 우리를 부르시고, 품어주시고, 말씀하시고, 은혜를 부으시고, 새롭게 하시는 삼위 하나님을 향한 감사와 경배와 찬양과 사모함이 넘치기를 축복합니다. 예배마다 감동과 은혜가 넘치기를 축복합니다. 하나님의 온전한 통치하심과 다스리심 속에서 하나님의 나라를 경험하고 세워가며, 마침내 다시 오실 주님을 사모하고, 예수 그리스도님의 최후의 승리를 확신하고, 종말론적인 신앙을 고취하며, 천국을 바라보고 소망하는 은혜의 예배자가 되기를 축복합니다.

7

교회와 사역의 심장

그들이 주님께 예배하며 금식하고 있을 때에, 성령이 그들에게 말씀하셨다.
"너희는 나를 위해서 바나바와 사울을 따로 세워라. 내가 그들에게 맡기려
하는 일이 있다." 그래서 그들은 금식하고 기도한 뒤에, 두 사람에게 안수를
하여 떠나보냈다. 바나바와 사울은, 성령이 가라고 보내시므로, 실루기아로
내려가서, 거기에서 배를 타고 키프로스로 건너갔다. 그들은 살라미에 이르
러서, 유대 사람의 여러 회당에서 하나님의 말씀을 전하였다. 그들은 요한도
또한 조수로 데리고 있었다.

(사도행전 13:2-5)

예배는 성도의 삶의 심장입니다. 예배는 교회의 심장입니다. 심장이 건강
하지 않으면 교회가 건강할 수 없습니다. 예배 없이 우리의 영적인 삶은 건
강할 수 없습니다. 예배가 멈추면 영적인 생명은 멈춥니다. 예배 없는 사역은
참된 사역이 아닙니다. 교회 공동체와 성도의 삶의 심장인 예배가 건강해야
우리는 건강하고 생명력이 넘치는 삶을 살 수 있습니다. 예배가 건강해야 우
리의 교회와 사역이 건강해집니다.

예배가 사명이고, 예배가 핵심이고, 예배가 성도의 삶과 교회의 모든 사역의 핵심이라고 하면 우리는 매우 중요한 질문을 하게 됩니다. 그것은 '예배와 사역은 어떤 관계인가?'라는 것입니다. 예배가 선교보다도 앞선다면, 예배가 전도보다 앞선다면, 교회의 첫 번째 사명이 예배라면, 나머지 모든 사역은 단지 부차적인 사역에 지나지 않는 것일까요? 예배만 하면 되는 것일까요? 여기서 우리는 자칫 예배 만능주의에 빠질 수 있습니다. 예배 이후를 생각하지 않고, 예배 이후에 관심이 없다면 그것 역시 문제입니다.

교회는 그리스도의 몸입니다. 그리스도의 몸에는 많은 지체가 있습니다. 모든 성도들은 교회 안에서 다양한 은사와 직분과 역할을 맡고 있습니다. 예수 그리스도는 교회의 머리가 되시며, 우리는 그리스도께 순종함으로 사역에 헌신합니다. 교회는 사역을 통하여 건강해지고, 서로를 섬기며, 세상을 섬기고 변화시킵니다.

건강하고 살아있는 교회에서는 다양한 사역이 활발하게 일어납니다. 참된 예배는 단지 예배로 머무르지 않습니다. 오히려 예배는 다양한 사역을 일으키며 가능하게 합니다. 예배는 모든 사역의 엔진입니다.

제가 오늘은 저의 키만 한 인체 그림을 앞에 세워놓았습니다. 자, 여기에 사람의 몸이 있습니다. 보시는 바와 같이 몸은 많은 지체로 구성되어 있습니다. 사람은 206개의 뼈를 가지고 있습니다. 그 뼈가 60조 개의 세포로 이루어진 우리 몸의 기둥을 이룹니다. 그리고 몸의 중요한 장기를 보호해줍니다. 팔에는 64개(손에만 54개), 다리에는 62개(발에는 52개)의 뼈가 있습니다. 머리에는 23개가 있습니다. 물론 아이들은 300여 개의 뼈를 가지고 있는데 성장하면서 이것이 합쳐져서 하나를 이루면서 숫자가 줄어듭니다.

사람의 몸을 이루는 60조 개의 세포는 혈액을 통해 영양과 산소를 공급받고 노폐물을 배설합니다. 따라서 혈액이 충분해야 하고, 계속 건강한 혈액이 만들어져야 합니다. 혈액은 체중의 8% 정도가 되는데 이렇게 중요한 혈액은 뼈에서 만들어집니다. 그리고 이 혈액은 심장을 통하여 온 몸에 공급됩니다. 좌우로 2개의 심실과 2개의 심방으로 이루어진 심장은 방에 채워진 피를 펌프와 같은 심실에서 온 몸으로 보냅니다. 심장은 매일 96,000km의 혈관을 통해서 양분을 날라야하기 때문에 우리 몸에서 가장 놀라운 근육으로 이루어져 있습니다. 두근두근 심방의 박동으로 우리 몸에 혈액이 공급됩니다. 우리 몸이 건강하려면 심장과 혈관의 건강이 매우 중요합니다. 심장이 건강해야 우리 몸에 산소와 영양이 잘 공급되고 모든 세포가 건강하게 자라고 순환하며 우리 몸은 건강한 활동을 합니다.

우리는 예배 없이는 교회가 될 수 없음을 보았습니다. 전도 없는 교회도 있고, 교육 없는 교회도 있지만, 예배 없는 교회는 교회가 아닙니다. 이것은 사람의 몸도 마찬가지입니다. 우리의 신체 중 일부가 다치거나 사고로 사용하지 못하게 되는 경우도 있습니다. 때로는 뇌도 일부 없이 살아가는 사람도 있습니다. 호흡기에 의존해 살기도 합니다. 그러나 심장이 멈추면 생명은 끝납니다.

예배는 바로 이 심장과 같습니다. 예배는 성도의 삶의 심장입니다. 예배는 교회의 심장입니다. 심장이 건강하지 않으면 교회가 건강할 수 없습니다. 예배 없이 우리의 영적인 삶은 건강할 수 없습니다. 예배가 멈추면 영적인 생명은 멈춥니다. 예배 없는 사역은 참된 사역이 아닙니다. 교회 공동체와 성도의 삶의 심장인 예배가 건강해야 우리는 건강하고 생명력이 넘치는 삶을 살 수 있습니다. 예배가 건강해야 우리의 교회와 사역이 건강해집니다.

멈추지 않는 예배

우리는 예배라는 심장을 어떻게 건강하게 할 수 있을까요? 심장은 계속 뛰어야 합니다. 성인의 정상적인 심장 박동수는 1분에 50-60회에서 100회 정도까지입니다. 신생아는 120-140회, 마라톤 선수는 50회 정도입니다. 중요한 것은 이렇게 심장은 평생 멈추지 않고 뛴다는 사실입니다. 멈추면 치명적입니다.

예배도 마찬가지입니다. 우리는 예배를 멈추지 말아야 합니다. 어떤 상황에서도, 언제라도 우리의 예배는 멈출 수 없는 영혼의 심장입니다. 예배를 지킨다는 것이 이렇게 중요합니다. 한두 번 예배에 빠지는 것이 괜찮아 보이지만, 심장의 불규칙한 박동이 건강에 위험을 가져오듯이 우리의 예배는 정상적으로 정기적으로 언제나 멈추지 않고 계속되어야 합니다. 예배의 자리를 꼭 지키는 것이 중요합니다.

예배가 사역의 엔진

심장이 우리들의 온 몸에 산소와 양분을 공급하듯이, 예배는
우리가 건강한 활동과 사역을 하게 해주는 엔진입니다. 이제 그
예를 성경에서 찾아보겠습니다.

• 안디옥 교회

사도행전 13장을 보면 안디옥교회가 어떻게 최초의 선교사를
파송하여 세계복음화를 시작하게 되었는지 잘 알 수 있습니다.
"그들이 주님께 예배하며 금식하고 있을 때에, 성령이 그들에게
말씀하셨다. "너희는 나를 위해서 바나바와 사울을 따로 세워라.
내가 그들에게 맡기려 하는 일이 있다." 그래서 그들은 금식하고
기도한 뒤에, 두 사람에게 안수를 하여 떠나보냈다."(행 13:2-3)
여기에는 두 가지가 분명하게 드러납니다. 하나님을 향해 나
아가는 예배와, 하나님이 사명을 주시며 보내시는 파송의 사건입
니다. 예배가 먼저였습니다. 주님을 예배할 때에 성령님이 말씀하
셨습니다. 예배할 때에 하나님의 마음을 보여주셨습니다. 예배할
때에 하나님이 원하시는 사람을 택하셨습니다. 예배할 때에 위대
한 선교의 역사가 시작되었습니다. 주님을 예배하는 곳에 말씀이

살아납니다. 주님을 예배하는 곳에 사명이 분명해집니다. 주님을 예배하는 곳에 하나님의 뜻이 드러납니다.

안디옥 교회는 훌륭한 목회의 전략과 프로그램과 아이디어와 계획을 가지고 예배하지 않았습니다. 선교사를 정하고 파송하는 예배가 아니라, 선교사로 부르시는 예배였습니다. 그러므로 자신의 계획을 가지고 나가서 잘 되게 해 달라고 하는 기도와 예배가 있다면 그것은 순서가 뒤바뀐 것입니다. 오직 하나님을 향해 나아갈 때, 하나님께 집중할 때, 그분을 높이고, 그분을 찬양하고 예배할 때, 그때 계획이 보이고 길이 보이고 뜻이 보이고 하나님의 마음이 보입니다. 하나님만을 즐거워하고, 하나님의 얼굴을 구하며, 하나님께 나아가는 예배가 있을 때에, 하나님의 마음이 예배자에게 드러날 것입니다. 하나님의 임재와 계시는 참된 예배를 통해 나타납니다.

• 이사야

이사야 선지자는 웃시야 왕이 죽던 해에 하나님이 보좌에 높이 들리신 것을 보았습니다. 하나님을 뵈었습니다. 자신이 죄인임이 드러나고, 이를 애통해 할 때에 주님이 숯불로 그의 입술을 정결케 하셨습니다. 이사야가 하나님을 예배하며, 하나님의 얼굴을

구하였을 때 그는 하나님을 보았고, 자신을 보았고, 세상을 보았습니다.(사 6:1-8)

"그 때에 나는 주님께서 말씀하시는 음성을 들었다. "내가 누구를 보낼까? 누가 우리를 대신하여 갈 것인가?" 내가 아뢰었다. "제가 여기에 있습니다. 저를 보내어 주십시오.""(사 6:8)

이사야의 예배의 자리는 사명의 자리가 되었습니다. 예배가 사역의 엔진입니다. 그러므로 예배는 사역을 가능케 하는 힘입니다. 사역은 예배로부터 시작됩니다. 우리는 사역자 이전에 예배자입니다. 우리는 사역에 매달리기 전에 하나님을 예배하는데 초점을 두어야 합니다. 이것이 뒤바뀐 것이 우리의 문제입니다.

• 곰곰이 돌이켜 보아라 - 학개

학개 선지자를 통해 선포된 말씀은 무엇이 중요한지 분명하게 드러냅니다. "나 만군의 주가 말한다. 너희는 살아온 지난날을 곰곰이 돌이켜 보아라. 너희는 씨앗을 많이 뿌려도 얼마 거두지 못했으며, 먹어도 배부르지 못하며, 마셔도 만족하지 못하며, 입어도 따뜻하지 못하며, 품꾼이 품삯을 받아도, 구멍 난 주머니에 돈을 넣음이 되었다. 나 만군의 주가 말한다. 너희는 각자의 소행을 살펴보아라. 너희는 산에 올라가서 나무를 베어다가 성전을 지어라. 그러면 내가 그 성전을 기껍게 여기고, 거기에서 내 영광을 드러내겠다. 나 주가 말한다. 너희가 많이 거두기를 바랐으나 얼마 거두지 못했고, 너희가 집으로 거두어 들였으나 내가 그것을 흩어버렸다. 그 까닭이 무엇이냐? 나 만군의 주의 말이다. 나의 집은 이렇게 무너져 있는데, 너희는 저마다 제집 일에만 바쁘기 때문이다. 그러므로 너희 때문에 하늘은 이슬을 그치고, 땅은 소출을 그쳤다. 내가 땅 위에 가뭄을 들게 하였다. 산 위에도, 곡물과 새 포도주와 기름 위에도, 밭에서 나는 모든 것 위에도, 사람과 짐승 위에도, 너희가 애써서 기르는 온갖 것 위에도 가뭄이 들게 하였다."(학 1:5-11)

이 말씀의 핵심은 '우선순위가 뒤바뀐 삶'을 지적하시는 것입니다. 성도에게는 분명한 우선순위가 있습니다. 학개 선지자의 말씀처럼 '지나온 날들을 곰곰이 돌이켜' 보십시오. 각자 '자신의 소행을 살펴' 보십시오. 무엇을 놓쳤습니까? 무엇이 문제입니까? 무엇이 뒤죽박죽입니까? 우선순위에 문제가 있지 않습니까? 하나님은 예배의 심장을 잃어버린 삶을 경고하시고 책망하셨습니다.

하나님은 산에 올라가 나무를 베어다 성전을 지으라고 하셨습니다. 하나님의 백성들이 하나님의 성전을 짓는 우선순위를 뒤로 밀어 놓았기 때문입니다. 우리의 삶을 살펴봅시다. 우리의 삶을 곰곰이 돌이켜 봅시다. 우리는 성전을 세우는 일 곧 하나님을 예배하는 것에 우선순위를 두었습니까? 예배를 중심에 두었습니까? 하나님을 뵈오며, 하나님을 높이는 것이 최고의 관심사였습니까? 하나님의 집 곧 심장인 예배가 무너져 있는데, 저마다 제 집 짓기에 바쁘게 보낸 것은 아닙니까? 예배는 딴전에 두고 자기 일에 바쁘게 지내지는 않았습니까? 하나님을 예배하는 삶의 우선순위가 바뀔 때 우리의 삶은 뿌리 없이 자란 나무와 같습니다. 예배가 무너지면 씨앗을 뿌려도 거두지 못하며, 만족함이 없으며, 하늘의 이슬은 그치고, 인생에 가뭄이 찾아와 영적으로 메마르고 시들고 궁핍한 삶에 지치고 무너질 뿐입니다. 우리의 인생을 곰곰이 생각해 봅시다. 우선순위가 바뀐 것이 아닌지, 예배를 잃어버린 것은 아닌지, 예배가 사명임을 망각한 것은 아닌지... 곰곰이 생각해 보십시오.

하나님은 분명하게 말씀하십니다. 삶과 영혼이 궁핍한 것은 하나님을 예배하기보다 자신의 일에 분주하였기 때문이라고 하십니다. 하나님의 전을 세우십시오. 무너진 예배의 성전을 수축하십시오. 예배의 심장을 일깨워 허기진 영혼을 배부르게 하며, 하나님이 임재하시므로 건강하고 생명력 넘치는 사역자로 세워지기를 축복합니다. 하나님을 예배하는 삶이 먼저입니다. 하나님은 예배하는 자를 찾으십니다. 예배가 심장입니다. 일 중심의 성도에서 하나님 중심의 성도가 되기를 바랍니다. 사역 중심의 삶에서 예배 중심의 삶으로 바뀌기를 바랍니다. 예배를 지킵시다. 예배가 심장입니다.

유대인은 나라 없이 2천년을 생존하였습니다. 안식일을 지켰기 때문입니다. 그들이 안식일을 지켰을 때 안식일이 그들을 지켜주었습니다. 우리의 예배가 이것입니다. 우리가 예배를 지키면 예배가 우리를 지켜줍니다. 예배의 심장이 살면 우리가 삽니다. 멈추었던 예배의 심장이 뛰어 예배가 회복되고, 예배가 살아나고, 예배가 넘쳐나는 복된 삶이 되기를 주님의 이름으로 축복합니다.

8

온전한 드림

예수께서 베다니에서 나병 환자였던 시몬의 집에 머무실 때에, 음식을 잡수시고 계시는데, 한 여자가 매우 값진 순수한 나드 향유 한 옥합을 가지고 와서, 그 옥합을 깨뜨리고, 향유를 예수의 머리에 부었다. 그런데 몇몇 사람이 화를 내면서 자기들끼리 말하였다. "어찌하여 향유를 이렇게 허비하는가? 이 향유는 삼백 데나리온 이상에 팔아서, 그 돈을 가난한 사람들에게 줄 수 있었겠다!" 그리고는 그 여자를 나무랐다. 그러나 예수께서 말씀하셨다. "가만 두어라. 왜 그를 괴롭히느냐? 그는 내게 아름다운 일을 했다. 가난한 사람들은 늘 너희와 함께 있으니, 언제든지 너희가 하려고만 하면, 그들을 도울 수 있다. 그러나 나는 언제나 너희와 함께 있는 것이 아니다. 이 여자는, 자기가 할 수 있는 일을 하였다. 곧 내 몸에 향유를 부어서, 내 장례를 위하여 할 일을 미리 한 셈이다. 내가 진정으로 너희에게 말한다. 온 세상 어디든지, 복음이 전파되는 곳마다, 이 여자가 한 일도 전해져서, 사람들이 이 여자를 기억하게 될 것이다."

(마가복음 14:3-9)

삶을 드리는 예배자가 됩시다. 일상이 하나님께 향기롭고 아름다운 예배로 드려지는 거룩한 삶을 삽시다. 우리 삶의 모든 시간, 숨 쉬는 매순간이 하나님께 온전히 드려지는 산 제물이 되게 합시다. 드림의 예배로 온전한 예배자의 삶을 이룹시다. 하나님께 드림이 최고의 기쁨이 되는 인생이 됩시다. 우리의 모든 것이 하나님께 드림이 된다면 이것보다 더 영광스럽고 복된 삶은 없을 것입니다.

우리는 제가 아프리카의 탄자니아에 단기 선교를 갔을 때 찍은 두 교회의 예배 동영상을 보았습니다. 화질이 썩 좋지는 않지만, 무엇이 진행되는지 잘 알 수 있습니다. 방금 본 영상은 예배의 어느 순서인 것 같습니까? 7백 여 명이 모인 교회와 40여 명이 모인 교회였지만 똑같은 예배 순서였습니다. 큰 교회는 탄자니아의 모로고로에 있는 오순절교회였고, 작은 교회는 잔지바르에 있는 나사렛교단의 통구교회였습니다. 이 두 교회 예배의 동일한 순서는 바로 헌금 시간입니다. 설교를 마친 후 헌금 시간이 되었는데 모두 일어서더니 찬양하고 춤을 추며 헌금을 하는데, 헌금 시간만 30분이 걸렸습니다. 놀라운 것은 예배 중 환희와 열정과 기쁨이 가장 크게 넘쳤던 순서가 바로 헌금 시간이었다는 것입니다.

저의 이 경험은 예배에 대한 새로운 시각을 열어주었습니다. 헌금 시간이 가장 열정적이고 감동적인 이유가 무엇일까요? 이들의 이런 모습은 바른 예배의 모습일까요? 우리가 예배에서 놓치고 있는 것은 무엇일까요?

예배는 드림이다

우리는 흔히 예배를 '본다'고 합니다. 물론 '장보러 간다'고 하면 단지 눈으로 보는 것만이 아닌 것처럼, 예배를 본다는 것에도 그런 의미가 담겨 있습니다. 그러나 예배를 바로 이해하기 위해서 문자적으로 말한다면, 예배는 '보는 것'이 아니라 '드리는 것'입니다. 예배는 내가 할 일을 하는 것이 아니라 하나님께 드리는 것입니다. 예배는 처음부터 끝까지 드림입니다. 하나님께 영광을 드리고, 감사를 드리고, 몸을 드리고, 사랑을 드리고, 우리 자신을 전인적으로 드립니다. 우리는 예배를 통하여 하나님께 마음을 다해 시간을 드리며, 정성을 다해 기도를 드립니다. 기독교 신앙의 핵심에는 언제나 드림이 있습니다. 하나님은 우리에게 독생자를 아끼지 않고 주셨기 때문입니다. 하나님을 향할 때는 드림이지만, 사람과 세상을 향할 때는 섬김이고 나눔이 됩니다.

우리의 신앙의 핵심은 하나님께서 우리에게 아들을 아끼지 않으시고 주신 것에 있습니다. 하나님께서 아들을 주셨기 때문에 우리는 하나님께 드릴 수 있습니다. 하나님께서 아들을 주셨기 때문에 우리는 드릴 수밖에 없습니다. 하나님께서 우리 삶에 필요한 모든 것을 공급해 주셨기 때문에 우리는 마땅히 하나님께 감사함으로 드립니다.

신앙이 자랄수록 우리는 하나님께 드리는 사람이 되며, 하나님께 드리는 삶을 살수록 그리스도를 닮는 삶이 됩니다. 그러나 불행하게도 우리의 예배에서 사라지고 있는 매우 중요한 요소가 바로 드림입니다. 오히려 우리는 예배를 거꾸로 생각하고 있습니다. 예배는 드림이 아니라, 받는 것이며, 채우는 것이며, 누리는 것이라고 생각합니다. 예배를 단순히 받는 것으로 생각한다는 것은 예배의 초점이 하나님에게서 사람에게로 바뀌었다는 것을 의미합니다.

물론 예배를 통해 받는 것이 있습니다. 누림이 있습니다. 채움이 있습니다. 이것은 예배에서 매우 중요한 요소입니다. 예배에 누림이 없고, 채움이 없고, 받음이 없다면 예배는 메마른 의식에 머무르고 말 것입니다. 그러나 예배의 본질은 받기 이전에 드리는 것입니다. 우리는 이미 예수님을 통해 받은 놀라운 은총과 사랑으로 인해 하나님께 우리 자신을 드립니다. 이것이 예배입니다. 그러므로 예배는 거룩한 드림입니다. 모든 예배는 하나님께 초점을 둔 드림이 중심이 되어야 합니다.

우리의 예배는 자칫 드림이 아니라 받음에 초점이 잘못 맞추어질 수 있음에 조심해야 합니다. 하나님께 드림보다는 나를 채움에 초점이 맞추어지고 있는지 살펴보아야 합니다. 우리는 임재하신 하나님께 드리는 것에는 관심이 적은 반면, 임재하신 하나님께서 채워주심에는 큰 관심을 가지고 있습니다. 우리가 놓치고 있는 것이 바로 이것입니다. 진정한 예배에서 내가 받고 채우고 누리는 것보다 앞서야 할 것이 바로 하나님께 드리는 것입니다.

드림이 사라진 예배의 현상은 이기주의와 소비주의, 그리고 탐욕스러운 자본주의의 영향때문이기도 합니다. 우리는 무엇을 하든지 내가 얼마나 이익을 얻을 수 있느냐, 내게 유익한 것이 무엇이냐, 무슨 도움이 되느냐, 무엇을 얻을 수 있느냐에 관심과 초점이 있는 소비적 신앙에 갇혀 있습니다. 이것이 예배에도 그대로 영향을 미치고 있습니다. 그래서 드림이 아니라 받고 누리는 것에 더 익숙한 예배가 되어가고 있습니다. 그러다 보니 우리는 예배를 통해 은혜를 받아야만 하고, 감동을 받아야 하고, 은혜를 누려야만 하고, 내 영이 채워져야 하고, 내가 만족을 느껴야 흡족하다고 생각합니다.

여기서 중요한 것은 초점의 문제입니다. 드림은 초점이 하나님께 있지만, 누림과 받음은 초점이 자신에게 있습니다. 우리는 예배를 드리고 난 후에 무엇으로 평가합니까? '내가 얼마나 온전히 드렸느냐?'로 평가합니까? 아니면 '내가 얼마나 은혜와 감동과 기쁨을 받았느냐?'로 평가합니까? 우리가 생각하는 좋은 예배, 바른 예배, 은혜로운 예배는 초점이 드림에 있습니까? 아니면 받음에 있습니까?

드림은 받으시는 분이 어떤 분인지를 인정하는 믿음의 고백이며 헌신입니다. 우리는 하나님이 창조의 주가 되시며, 우리에게 은혜를 베푸시는 구원의 주님이심을 인정하는 만큼 하나님께 드립니다. 우리는 우리가 믿고 생각하는 가치만큼 드립니다. 우리는 자녀를 소중하게 여기는 만큼 자녀에게 아낌없이 투자합니다. 배움을 가치 있게 여기는 만큼 배움에 투자합니다. 외모에 가치를 두는 만큼 외모에 투자합니다. 우리는 하나님을 얼마나 중요하게 여기며 감사하느냐에 따라 하나님께 드립니다.

구약의 제사

사도 바울은 말씀합니다. "그러므로 나는 하나님의 자비하심을 힘입어 여러분에게 권합니다. 여러분의 몸을 하나님께서 기뻐하실 거룩한 산 제물로 드리십시오. 이것이 여러분이 드릴 합당한 예배입니다."(롬 12:1) 예배는 성도가 자기 자신을 하나님께 드리는 최고의 행위입니다. 바울은 우리의 몸을 거룩한 산 제물로 드리라고 말씀합니다. 여기에서 '몸'으로 번역된 헬라어(소마)는 단순한 육체가 아닌 인간 존재의 본질적 요소를 포함하는 전인격을 의미합니다. 그러므로 바울은 참된 예배 곧 영적 예배는 자신의 전 존재를 드리는 것이라고 말씀한 것입니다.

구약의 제사는 드림의 의미를 잘 드러냅니다. 물론 구약의 제사는 예수 그리스도의 구속 사역으로 더 이상 필요 없게 되었습니다. 그러나 구약 시대의 제사의 의미와 가치를 생각해 볼 필요가 있습니다. 하나님은 이스라엘 백성들에게 제사하는 방법을 사랑으로 가르쳐 주셨습니다. 하나님께 제사하는 방법을 처음 가르쳐 주신 말씀은 출애굽기에 나오지만, 구체적인 제사의 방법은 레위기에 기록되어 있습니다. 제사는 레위기의 초점인 '거룩하지 못한 인간이 어떻게 거룩하신 하나님께 나아갈 수 있는지'와 연결되어 있습니다. 제사에 해당되는 구약과 신약의 단어에는 모두 드림과 섬김의 의미가 담겨 있습니다. 그러므로 제사는 곧 하나님께 드림을 의미했습니다.

이스라엘 백성들이 드리는 다양한 제사는 흠 없는 제물을 정성으로 드리는 것이 핵심적인 내용이었습니다. 자원하여, 정해진 제물로 동물을 잡아서 드렸는데, 가장 중심적인 제사였던 번제는 제물을 남김없이 태워서 온전히 드리는 헌신의 제사였습니다. 동물을 잡아서 드려야 했으니 제사는 피를 흘려야만 가능했습니다. 죄 없는 동물이 대신해서 죄를 뒤집어쓰고 제물로 죽어야 하는 과정을 통해 제사를 드리는 사람은 자신의 죄의 처절한 고통과 아픔을 느껴야 했습니다. 이렇게 드려진 제물을 온전히 태워 드림으로 하나님과 화목하게 되며, 새로운 삶의 길로 나아갈 수 있었습니다.

이러한 구약의 제사는 예수 그리스도의 대속의 십자가로 완성되었습니다. 그러므로 우리는 더 이상 구약에 따라 제사를 드릴 필요가 없습니다. 우리는 예수님의 십자가 구속의 은혜로 말미암아 죄의 문제가 해결되었고, 하나님과 화목하게 되었으며, 하나님 나라의 거룩한 백성이 되었습니다. 예수 그리스도께서 우리를 위한 희생의 제물로 하나님께 드려졌기 때문입니다. 그러므로 우

리는 예배에서 예수님이 자신을 십자가에서 대속의 제물로 드리
신 희생을 간과할 수 없습니다. 예수님이 희생의 제물이 되심은
지금도 우리의 예배에서 매우 중요한 방식으로 기억되고 있습니
다. 그것은 성찬 예전입니다.

성찬 예전: 예수 그리스도

우리의 예배에는 구약의 제사와 같이 진정한 드림을 위한 희
생이 있어야 하고, 드림을 위한 헌신이 있어야 합니다. 그러나 구
약의 제사에서는 제물이 있었지만, 지금 우리의 예배에는 그런
동물의 제물은 필요 없습니다. 예수 그리스도께서 우리를 위한
온전한 희생 제물로 십자가에서 돌아가셨기 때문입니다. 우리의
예배에는 반드시 예수 그리스도의 십자가의 희생이 있어야만 합
니다. 어린양 예수 그리스도의 희생의 십자가를 의지하지 않고서
는, 그 십자가를 통하지 않고서는 하나님의 은혜의 보좌로 나아
갈 수 없습니다.

예수님의 희생 제물 되심은 성찬을 통해 잘 드러납니다. 성찬

은 우리를 위해 죽으신 주님을 그대로 드러냅니다. 물론 성찬이 예수님의 십자가 사건의 재현은 아닙니다. 그러나 성찬은 그 의미를 가장 분명하게 드러냅니다. 우리를 위해 죽으시고 부활하신 주님의 그 놀라운 희생과 사랑과 부활의 소망을 강하게 경험하는 자리가 성찬 예전입니다.

재물을 드림

예배에서 드림의 가장 구체적이고 직접적인 표현이 '헌금'입니다. 자본주의 사회는 모든 것이 자본으로 결정됩니다. 자본이 힘이고 가치이고 신입니다. 우리는 물신주의(맘모니즘)가 지배하는 세상에서 살고 있습니다. 그러므로 우리가 헌금을 하는 행위는 놀라운 드림의 결단입니다. 돈이 우리의 모든 것을 결정하고 있기 때문입니다. 우리가 하나님께 드린다는 것은 세상의 거대한 자본주의와 맞서는 믿음의 행동입니다. 내 삶의 결과인 재물을 드리는 것은 하나님이 내 인생에서 그렇게 가장 귀한 자리에 계시기 때문입니다. 재물은 항상 우리의 마음과 사랑과 가치에 따라 흐릅니다.

예배가 하나님의 은혜와 사랑의 부르심에 대한 사랑의 반응이고 고백이라면, 그 고백에 가장 적합한 것이 헌금입니다. 그러므로 헌금은 하나님을 향한 사랑의 구체적인 증거이며, 하나님께 드림의 확실한 증거입니다. 그러나 재물 자체가 그런 가치를 가진 것은 아닙니다. 재물을 드림이 중요한 것은, 드리는 성도의 마음과 가치와 고백과 헌신과 결단과 사랑이 드림에 담겨있기 때문입니다. 하나님이 아들을 아끼지 않고 내어주심으로 새 생명을 얻은 은혜와 감격이 있는 그리스도인, 예수 그리스도가 자신의 인생의 주인임을 고백하며, 자신의 목숨과 재산도 주님의 것임을 믿고 고백하는 성도에게 헌금은 가장 기쁘고 행복한 드림이 됩니다.

여기에는 아까움도 마지못함도 있을 수 없습니다. 강제로 하는 것도 아니며, 체면으로 하는 것도 아닙니다. 그러므로 사도 바울은 헌금하는 성도의 마음 자세를 이렇게 정리하였습니다. "각자 마음에 정한 대로 해야 하고, 아까워하면서 내거나, 마지못해서 하는 일은 없어야 합니다. 하나님께서는 기쁜 마음으로 내는 사람을 사랑하십니다. 하나님께서는 여러분에게 온갖 은혜가 넘치게 하실 수 있습니다. 그러하므로 여러분은 모든 일에 언제나, 쓸 것을 넉넉하게 가지게 되어서, 온갖 선한 일을 얼마든지 할 수

있습니다."(고후 9:7-8)

하나님은 즐겁게 드리는 성도를 기뻐하십니다. 하나님을 기쁘시게 하고, 하나님의 구속의 은혜에 감사하는 헌신과 결단의 길이 여기에 있습니다. 즐거내고, 기쁜 마음으로 드린다는 것은 환호하고 정말 기쁨이 넘쳐서 어쩔 줄 몰라 하는 상태를 말합니다. 마치 탄자니아의 가난한 성도들의 그 헌신과 같은 것입니다. 내게 하나님이 가장 높은 곳에, 가장 깊은 곳에, 가장 중심에, 가장 중요한 곳에, 가장 가치 있는 곳에 계심을 인정하는 사람에게 드림은 가장 큰 기쁨의 순간일 수밖에 없습니다. 동전 한 닢을 드리면서도 그렇게 기뻐하며 찬양하고 춤추는 아프리카의 성도들이 저에게 큰 도전과 감동을 준 것은, 하나님을 향한 그들의 그 사랑의 마음과 드림의 헌신 때문이었습니다.

우리는 어떤 마음으로 드립니까? 어떤 태도로 드립니까? 남은 것을 드립니까? 우리는 먼저 하나님의 것을 거룩하게 구별하고 나머지를 사용합니까? 억지로 드립니까? 즐거움으로 자발적으로 넘치는 감사의 마음으로 드립니까? 드림에서 상대적인 액수는 중요하지 않습니다. 그러나 자신의 삶에서 차지하는 절대적인 가치는 매우 중요합니다. 액수로 따진다면 사도행전 5장에 나오는 아나니아와 삽비라의 헌금은 정말 대단하고 놀라운 헌금이었습니다. 그러나 그 헌금은 오히려 저주의 헌금이 되고 말았습니다(행 5:1-5). 그들은 헌금을 드리고 오히려 죽임을 당했습니다. 그들은 많이 드렸으나, 나머지로 드렸기 때문입니다.

바로 앞에 나오는 사도행전 4장에는 자신의 전 부동산을 다 팔아서 내놓은 바나바의 감동적인 이야기가 나옵니다. 아나니아와 삽비라도 바나바와 똑같은 은혜를 받았을 것입니다. 당시 재산을 팔아 통용하던 초대교회 성도들의 삶에 감동하고 참여하기를 원하였을 것입니다. 그러나 그들에게 하나님은 재물보다 뒤에 계신 분이었습니다. 그들은 재물을 가지고 성령님을 속였으며, 하나님을 속였습니다. 하나님은 결코 재물로 인해 만홀히 여김을 당하지 않으십니다. 하나님은 성도의 삶에서 둘째가 되는 것을 원치 않으십니다. 하나님은 성도의 삶에서 최고 존엄이시며, 최고 우선순위에 계셔야 할 분이십니다. 하나님 앞에서 재물 가지고 장난치는 것은 옳지 않습니다. 아나니아와 삽비라의 비극적인 사건은 초대교회에 밀려들어오는 물질만능의 도전에 대한 하나님의 경고 사건이었습니다. 하나님이 원하시는 것은 재물 자체가 아니라, 재물을 통해 표현되는 그 성도의 마음과 태도와 헌신과 감사의 진실함입니다. 진실성이 결여된 헌금은 하나님께 드릴 가치가 없습니다.

우리는 가장 적은 헌금을 드린 또 다른 사건도 기억할 수 있습니다. 마가복음 12장에 나오는 두 렙돈을 드린 과부 이야기입니다(막 12:41-44). 부자들은 성전을 드나들 때에 자신을 과시하면서 많은 돈을 헌금함에 넣었습니다. 동전이 떨어지는 소리만 들어도 얼마나 많은 헌금을 하는지 금방 알 수 있었습니다. 그런데 한 과부가 오더니 헌금함에 동전 두 렙돈을 넣었습니다. 당시 로마화폐 단위 중에서 데나리온은 하루의 품삯이었습니다. 렙돈은 데나리온의 64분의 1에 해당합니다. 그러므로 두 렙돈이라면 일당을 10만원으로 본다면 지금 기준으로는 3천 원 정도입니다.

그런데 예수님은 이 과부가 "어느 누구보다도 더 많이 넣었다"고 말씀하십니다. 어리둥절해 하는 제자들에게 말씀하십니다. "이 과부는 …. 자기 생활비 전부를 털어 넣었다." 그렇습니다. 우리가 드리는 헌금은 사람의 눈으로 판단할 수 없습니다. 우리는 사람의 눈에 보이기 위해 헌금을 해서도 안 됩니다. 사람을 의식해서 할 일이 아닙니다. 우리의 전심으로 드린 헌금, 우리의 진실함으로 드린 헌금, 정직하게 드린 헌금이야말로 하나님이 기뻐 받으시는 헌금입니다.

우리가 가진 것은 모두 하나님의 것입니다. 예배를 드릴 때마다 우리는 이 믿음을 고백합니다. 우리는 십일조를 드릴 때마다 자신의 인생과 재물의 주인이 하나님이심을 인정하고 감사하며 마음을 새롭게 합니다. 십일조를 드리고 헌금을 드림은 곧 내 집의 소유권, 내 부동산의 소유권, 내 은행 계좌의 모든 것을 하나님의 것으로 인정하는 놀라운 드림의 결단이며 헌신입니다. 하나님을 주님으로 인정하고 높이며 감사하는 예배는 헌금을 통해 드림의 예배가 됩니다.

시간을 드림

'드림'에는 시간도 포함됩니다. 시간은 곧 우리의 생명입니다. 우리가 얼마나 살았는지, 앞으로 얼마나 살 것인지는 곧 시간으로 계산됩니다. 인생은 시간의 결과입니다. 시간은 우리의 생명의 또 다른 단위입니다. 이처럼 우리가 하나님께 시간을 드린다는 것은 매우 중요한 의미를 가집니다. 그러나 우리는 하나님께 시간을 드림이 매우 힘든 시대에 살고 있습니다. 이 시대는 하나님께 드리는 시간을 잃어버린 시대가 되었습니다. 그 어느 때보다도 바쁜 시대이기 때문입니다. 그 어느 시대 보다 하루 중 가장 많은 시간을 깨어 있고 일하는 시대입니다. 바쁘게 사는 현대 그리스도인들이 하나님께 드릴 예배의 시간은 점점 줄어들고 있습니다.

하나님과 마주하는 시간 없이 하나님을 사랑하는 믿음의 예배를 드린다는 것은 불가능합니다. 삶의 많은 부분이 시간으로 결정됩니다. 학생은 공부한 시간이 차야 졸업할 수 있습니다. 직장에서는 일해야 할 시간이 정해져 있으며, 일한 시간만큼 대가를 받습니다. 하고 싶은 일들이 많아지고, 즐기는 일들이 많아지면서 사람들은 시간이 부족하다고 호소합니다. 이런 세상에서 하나님을 예배하기 위해 시간을 구별하여 드린다는 것은 얼마나 놀라운 신앙의 결단이며, 믿음의 헌신인지 모릅니다.

매주일 마다 예배의 자리에 있는 것은 거대한 시간의 흐름을 거부하며, 시간의 주인이신 하나님 앞에서 그분께 모든 것을 내어 드리는 것입니다. 우리는 가장 가치 있는 일에 시간을 사용합니다. 가장 귀하게 여기는 일을 위해 시간을 잡아놓습니다. 그렇다면 우리가 예배자로서 마땅히 해야 할 시간의 구분은 분명합니다.

참된 예배를 드리기 원한다면 먼저 예배를 위한 시간을 확보해야 합니다. 이것보다 더 중요한 것은 없습니다. 시간을 드림 없이 참된 예배는 불가능합니다. 한국 교회가 능력을 상실하는 것은 예배가 죽어가기 때문이며, 예배가 죽어가는 것은 시간의 드림이 느슨해지기 때문입니다. 사람들은 온통 자신의 세계를 세우는데 몰두하고 있습니다. 자신의 바벨탑을 세우느라 정신이 없습니다. 성도들까지도 주님을 예배할 시간을 아까워하며, 자신을 위해 스펙을 쌓고, 건강을 챙기고, 취미를 즐기고, 배우는 일에 열을 올립니다. 이런 일들이 나쁜 것은 아닙니다. 그러나 이로인해 하나님을 예배하는 시간은 점점 뒤로 밀려나고, 예배 시간이 잠깐 때우고 마는 자투리 시간으로 전락한다면 분명히 잘못된 모습입니다. 이런 상태로 계속 간다면 한국 교회는 참된 예배가 사라지는 영적 재앙을 맞이할 수도 있습니다. 예배의 시간이 더욱 길어질 수는 없는 것일까요? 우리는 목숨을 걸고 예배를 위한 시간을 확보하고 시간을 드려야 합니다. 여기에 교회의 모든 것이 달려 있습니다.

십계명의 네 번째 계명인 안식일 준수 계명에서 하나님은 모든 주의 백성들에게 안식일을 지키도록 명령하셨습니다. 시간을 구별해야 한다는 것입니다. 하나님은 일을 멈추고 오직 하나님 안에서 누려야 할 안식의 시간을 정해 놓으셨습니다. 하나님의 백성들의 삶은 안식일을 지킴으로 온전해집니다. 하나님의 백성들은 안식일에는 일을 멈추고 오직 하나님 안에서 참된 평화와 안식과 사랑을 회복하고 누리는 시간을 지켜야 합니다. 그리스도인들은 예수님의 죽으심과 부활과 승천 이후 안식일의 온전한 성취인 예수님의 부활의 날을 진정한 안식과 예배의 날로 지켰습니다. 주님의 날인 주일은 말 그대로 주님을 위한 날이며, 주님께 드려진 날이며, 주님이 시간의 주인이 되심을 분명하게 드러내는 날입니다. 이처럼 성도는 일주일 가운데 일을 멈추고 하나님을 예배하는 날과 안식을 위한 시간을 구분하여 지킵니다.

성도의 삶은 그리스도 중심의 시간으로 구성되어야 합니다. 부활하신 그리스도를 경배하며, 찬양하며, 기뻐하며 예배하는 주님의 날이 성도의 시간의 중심이 되어야 합니다. 우리의 스케줄은 무엇을 중심으로 계획됩니까? 우리의 시간의 우선순위는 어떻게 되어있습니까?

우리가 예배를 지키면, 예배가 우리를 지켜줍니다. 우리의 시간 관리는 예배 중심의 관리가 되어야 합니다. 우리의 시간표에는 예배가 먼저 자리를 잡고서 나머지가 들어와야 합니다. 모든 것을 하고난 뒤에 남는 시간을 예배시간으로 잡지 마십시오. 그것은 재앙입니다. 실제로 이것은 우리의 마음의 문제입니다. 우리가 어떤 마음으로 하루의 시간을 계획하고 살아가느냐에 따라 예배 중심이 될 수 있고, 일 중심이 될 수 있습니다.

미국의 유명한 레스토랑인 칙필레이(Chik-Fill-A)는 트루엣 캐시(Truett Cathy)가 1946년 조지아주의 파퍼빌에서 '드워프 그릴'이라는 닭고기 전문점으로 문을 연 식당입니다. 저는 지난 봄 조지아주에 갔을 때에 처음 개장했던 바로 그 식당에서 치킨 샌드위치를 맛있게 먹은 적이 있습니다. 알고 찾아간 것은 아니었는데, 우연히 찾아간 식당이 바로 '드워프 그릴'이었습니다. 1967년에는 칙필레이라는 새로운 이름으로 첫 매장을 열었습니다. 이후 이 식당은 승승장구하여 미국에서 같은 종류의 식당으로는 두 번째로 큰 규모로 성장하였습니다. 지금은 미국 전역에 2,000개가 넘는 지점을 보유하고 있습니다. 트루엣 캐시는 한 인터뷰에서 '칙필레이 경영주로서 가장 뿌듯한 것이 무엇입니까?'라는 기자의 질문에 '주일에 쉬기로 결정한 것'이라고 대답하기도 했습니다. 패스트푸드 업계에서 주일 매출은 전체 매출의 최소 20% 이상을 차지합니다. 그런데 캐시 회장은 하나님을 위해 그 20%를 포기했습니다. 주일은 성경의 원리대로 하나님을 예배하고 안식하는 날이므로, 칙필레이의 모든 매장은 직원들이 하나님을 예배하고 가족과 함께 시간을 보내도록 주일마다 문을 닫게 한 것입니다. 2014년 93세에 세상을 떠나기 전까지 그는 꾸준히 주일 성수를 하였고, 교회학교 교사로 섬기면서 어린이들에게 성경을 가르쳤습니다. 트루엣 캐시는 세상의 경제 논리가 아닌 하나님의 시간의 원칙을 따라 안식일을 지키는 길을 선택했습니다.

주일을 지키며, 예배의 시간을 구별하여 하나님께 드리는 것은 하나님에 대한 온전한 신뢰와 헌신의 표현입니다. 우리의 삶은 예배 중심의 삶입니까? 일 중심의 삶입니까? 예배가 시간의 중심에 있습니까? 아니면 시간의 변두리에 있습니까? 시간의 중심을 하나님께 드립니까? 아니면 시간의 자투리를 하나님께 드립니까? 시간을 드림이 우리의 신앙과 삶을 결정합니다. 우리의 시간표는 그리스도 중심으로 재구성되어야 합니다. 예배의 시간을 확보합시다. 하나님을 향한, 하나님께 드리는 이 시간보다 앞설 수 있는 것은 아무 것도 없습니다.

감사를 드림

우리는 하나님께 헌금을 드립니다. 시간을 드립니다. 그런데 이 드림이 진정한 드림이 되려면 감사로 드려야 합니다. 시편의 시인은 "감사로 하나님께 제사를 드리라"(시편 50:14)고 하였습니다. 우리는 '감사'라는 것을 따로 드릴 수는 없습니다. 감사는 물질이 아니라 마음이며, 태도이기 때문입니다. 그러므로 감사를 드리는 것은 다른 예배 행위를 통해서 드려집니다. 우리는 찬양을 통해, 기도를 통해, 헌금을 통해, 모든 예배의 시간을 통해 감사를 드립니다. 또한 감사는 우리가 드리는 모든 것을 참되고 아름답고 가치 있게 합니다. 감사가 빠진 헌금, 감사가 빠진 찬양, 감사가 빠진 기도는 참된 예배가 될 수 없기 때문입니다.

감사는 예배를 드리는 우리의 가장 기본적인 마음이 되어야 합니다. 감사는 구원 받은 성도가 하나님께 드릴 가장 우선적이고 마땅한 '드림'이기 때문입니다. 우리의 구원은 행위의 대가가 아니라, 예수 그리스도의 십자가의 구속함의 은혜로 받은 선물입니다. 구원의 은혜와 선물을 받은 성도는 마땅히 감사해야 하며, 감사할 수밖에 없습니다. 감사는 참된 예배의 드림이며, 하나님을 기쁘시게 하는 예배의 중요한 요소입니다.

시편은 곳곳에서 감사로 드리는 예배를 노래합니다. "감사로 제사를 드리는 자가 나를 영화롭게 하나니 그의 행위를 옳게 하는 자에게 내가 하나님의 구원을 보이리라."(시편 50:23) "주님께서 나에게 응답하시고, 나에게 구원을 베푸셨으니, 내가 주님께 감사를 드립니다."(시편 118:21) "내가 전심으로 주께 감사하며 신들 앞에서 주께 찬송하리이다."(시편 138:1) "내가 주님께 감사 제사를 드리고, 주님의 이름을 부르겠습니다."(시편 116:17)

선지자 요나는 "나는 감사하는 목소리로 주께 제사를 드리며 나의 서원을 주께 갚겠나이다. 구원은 여호와께 속하였나이다."(욘 2:9)라고 고백했습니다. 사도 바울은 이렇게 말씀했습니다. "말이든 행동이든 무엇을 하든지, 모든 것을 주 예수의 이름으로 하고, 그분에게서 힘을 얻어서, 하나님 아버지께 감사를 드리십시오."(골 3:17) "모든 일에 언제나 우리 주 예수 그리스도의 이름으로 하나님 아버지께 감사를 드리십시오."(엡 5:20) 우리의 성찬 예전의 예문도 전체의 내용은 큰 감사의 기도로 이루어져 있습니다. 하나님의 창조에서 그리스도의 십자가와 통치하심과 다시 오심까지 주님께 감사를 드리는 것이 성찬 예전의 중심 내용입니다.

그렇습니다. 감사가 예배를 예배되게 합니다. 하나님을 향한 가장 올바르고 마땅한 우리의 응답은 감사로 예배를 드리는 것입니다. 감사의 마음이 넘치는 예배자가 됩시다. 감사로 예배드리기를 배웁시다. 우리의 예배에 감사가 넘친다면 기뻐하시며 웃으시는 하나님의 영광의 광채가 넘치는 복된 교회가 될 것입니다.

삶을 드림

하나님께 드림이 초점인 예배는 궁극적으로 성도가 자신을 하나님께 드리는 것입니다. 하나님은 예배를 통하여 우리 자신을 받으십니다. 사도 바울은 우리의 "몸을 하나님이 기뻐하실 거룩한 산 제물로"(롬 12:1) 드리라고 말씀했습니다. 우리 자신을 드리는 것에는 다음과 같은 것이 포함됩니다.

• 우리의 재능과 은사를

우리는 하나님이 우리를 만드신 독특하고 특별한 모습을 가지고 있습니다. 하나님께서 우리에게 주신 영적인 은사, 마음의 열망, 능력과 재능, 성품, 그리고 경험이 있습니다. 우리는 이와 같은 것들이 모여서 이루어진 전인적인 존재입니다. 우리가 예배로 하나님께 우리 자신을 드리는 것은 우리에게 있는 이 모든 것들로 하나님을 예배하는 것입니다.

시편 103편은 노래합니다. "내 영혼아 여호와를 송축하라 내속에 있는 것들아 다 그의 거룩한 이름을 송축하라."(시 103:1) '내 속에 있는 것'은 곧 우리 자신을 이루는 모든 요소들을 포함합니다. 그러므로 이 시편은 육체적인 것, 정신적인 것, 영적인 것을 포함하는 우리의 모든 은사와 능력과 재능과 열정과 꿈과 힘과 경험과 성품을 다하여 하나님을 사랑함으로 거룩하신 이름을 찬양하라는 것입니다.

히브리서는 말씀합니다. "우리는 예수로 말미암아 끊임없이 하나님께 찬미의 제사를 드립시다. 이것은 곧 그의 이름을 고백하는 입술의 열매입니다."(히 13:15) 예배는 하나님이 우리에게 주신 모든 것으로, 전심을 다해 하나님께 드리는 신앙의 종합예술과도 같습니다. 아름다운 목소리로 찬양하여 입술의 열매를 드립니다. 춤추며 예배합니다. 악기를 연주합니다. 미디어 기술로 하나님을 예배합니다. 뜨거운 열정으로 예배합니다. 우리의 언어와 생각과 말을 드려 예배합니다. 그러므로 우리의 예배에는 모든 순서마다 우리의 전 존재를 기쁨으로 드리는 온전한 마음과 헌신이 있어야 합니다.

• 우리의 일상을

우리 몸을 하나님께 산 제물로 드린다는 것은, 우리의 일상의 삶을 드리는 것을 의미합니다. 예배는 단지 주일 한 시간의 문제가 아니라, 한 주간의 모든 삶의 문제입니다. 주일에 하나님을 예배하는 것은 한 주간 동안 우리가 살아온 삶을 하나님께 드리는 것입니다. 하나님은 우리의 예배를 통하여 우리의 삶을 받으십니다. 우리의 삶이 곧 예배이며, 예배는 곧 삶이기 때문입니다. 우리의 일상과 예배는 분리될 수 없습니다. 주일의 예배 시간에만 성도이고, 예배 시간에만 거룩할 수 없습니다. 우리는 예배와 삶을 따로 따로 구분할 수 없습니다.

예수님은 말씀하셨습니다. "네가 제단에 제물을 드리려고 하다가, 네 형제나 자매가 네게 어떤 원한을 품고 있다는 생각이 나거든, 너는 그 제물을 제단 앞에 놓아두고, 먼저 가서 네 형제나 자매와 화해하여라. 그런 다음에 돌아와서 제물을 드려라."(마 5:23-24) 예수님은 우리가 예배할 때 하나님이 우리의 삶을 보시며, 우리의 삶을 받으시는 것이지, 단순히 예배 행위의 의식만을 받으시는 분이 아님을 말씀하셨습니다.

예배를 바르고 참되게 드린 성도는 삶이 예배의 연속이기에 삶이 거룩해지고, 삶이 정의롭고, 삶이 감사하고, 삶이 하늘의 평화와 은총 속에 거하게 됩니다. 예배를 제대로 드린다면, 삶이 달라지는 것은 당연합니다. 하나님의 거룩한 영광의 빛을 받은 우리가 세상에서 빛이 되는 삶을 살아야하기 때문입니다. 우리의 가장 큰 문제는 삶의 예배가 죽어있다는 것, 삶을 드리는 예배의 가치를 상실한 것입니다.

• 깨어진 마음을

요한복음 12장에는 감동적인 장면이 나옵니다. 예수님은 마지막 유월절 한 주 전에 베다니에 있는 나사로의 집에 가셨습니다. 거기에서 예수님을 위한 잔치가 열렸습니다. 마르다는 시중을 들고 있었고, 나사로는 식탁에서 예수님과 함께 있었습니다. 그런데 이때 마리아가 나타났습니다. 성경은 이 장면을 이렇게 전해 줍니다. "그 때에 마리아가 매우 값진 순 나드 향유 한 근을 가져다가 예수의 발에 붓고, 자기 머리털로 그 발을 닦았다. 온 집 안에 향유 냄새가 가득 찼다."(요 12:3)

유대인들은 귀한 손님이 오면 향유를 발에 발라주고 머리에 향유를 부어주었습니다. 그러나 이렇게 잔치의 한 중간에 손님의 발에 기름을 붓고 발을 닦는 것은 특이한 일이었습니다. 게다가 자신의 머리털로 예수님의 발을 닦았습니다. 마리아의 이와 같은 행동은 매우 중요한 것을 가르쳐줍니다. 예수님의 사랑에 대한 감사와 사랑의 고백과 표현에는 향유 옥합을 깨뜨리는 것과 같은 진정한 깨뜨림이 있어야 한다는 것입니다.

마르다는 향유 옥합을 깨뜨려 예수님께 지고한 사랑과 감사를 표현하며 경배했습니다. 이것은 예수님에 대한 철저한 헌신과 드림의 표현이었습니다. 아마도 오빠 나사로를 죽음에서 살려 주신 은혜에 대한 감사와 사랑의 표현이며, 예수님의 사랑과 은혜로 구원을 받은 감동의 헌신이었을 것입니다. 머리는 몸의 가장 소중한 지체입니다. 그러므로 마리아의 행동은 온전한 섬김의 드림을 드러냅니다.

마리아의 행동을 단순한 돈의 가치로 판단하는 유다에게는 어이없는 낭비로 보였지만, 이것은 주님이신 예수님에 대한 지고한 드림의 행동이요 가장 거룩한 예배의 모습이었습니다. 예수님은 마리아의 이와 같은 드림을 기쁨으로 받으셨습니다. 마가복음에서는 예수님이 마리아를 이렇게 칭찬하셨습니다. "이 여자는, 자기가 할 수 있는 일을 하였다. 곧 내 몸에 향유를 부어서, 내 장례를 위하여 할 일을 미리 한 셈이다. 내가 진정으로 너희에게 말한다. 온 세상 어디든지, 복음이 전파되는 곳마다, 이 여자가 한 일도 전해져서, 사람들이 이 여자를 기억하게 될 것이다.'"(막 14:8-9) 지금 우리 문제는 예배 가운데 이와 같은 자기 깨뜨림의 드림이 없다는 것입니다. 내가 죽고, 내가 낮아지고, 나 자신을 온전히 하나님께 드리고 맡김이 없다는 것입니다.

나단 선지자의 책망 앞에 자신의 죄를 깨닫고 심령이 깨어지는 간구로 하나님을 향해 눈물을 뿌린 다윗의 시편은 깨어진 모습을 그대로 드러냅니다. "우슬초로 나를 정결케 해주십시오. 내가 깨끗하게 될 것입니다. 나를 씻어 주십시오. 내가 눈보다 더 희게 될 것입니다. 기쁨과 즐거움의 소리를 들려주십시오. 주님께서 꺾으신 뼈들도, 기뻐하며 춤출 것입니다. 주님의 눈을 내 죄에서 돌리시고, 내 모든 죄악을 없애 주십시오. 아, 하나님, 내 속에 깨끗한 마음을 창조하여 주시고 내 속을 견고한 심령으로 새롭게 하여 주십시오."(시 51:7-10)

하나님은 상한 심령을 찾으십니다. 그러기에 다윗은 이렇게 고백했습니다. "하나님께서 원하시는 제물은 찢겨진 심령입니다. 오, 하나님, 주님은 찢겨지고 짓밟힌 마음을 멸시하지 않으십니다."(시 51:17) 하나님은 찢겨진 심령을 원하십니다. 돌이킴의 마음, 회개의 마음, 눈물의 마음을 드리는 성도를 찾으십니다. 우리의 예배에는 깨어짐이 있습니까? 우리의 예배는 진정한 눈물과 회개로 깨어진 자신을 드리는 예배입니까? 사랑하는 성도 여러분, 옥합을 깨뜨리는 예배자가 되기를 축복합니다. 자신이 깨어지고, 낮아져서 온전히 주님께 드리는 참된 예배자가 되기를 축복합니다.

준비된 드림

우리가 온전한 드림의 예배자가 되려면 우리는 드림을 준비하고 훈련해야 합니다. 먼저 하나님과 시간을 약속함으로 준비하십시오. 예배 중심의 삶이 되도록 작정하십시오. 예배 시간은 누구에게도, 무슨 일에도 양보할 수 없다고 분명하게 마음으로 정하십시오.

헌금을 준비하십시오. 항상 하나님의 것을 구별하십시오. 나의 모든 것의 주인은 하나님이심을 인정하는 믿음으로 하나님의 인도하심과 공급하심과 복 주심을 신뢰함으로 준비하십시오. 헌금을 드림이 기쁨이 되어야 합니다. 드림의 시간이 가장 복된 시간이 되어야 합니다.

감사의 마음을 준비하십시오. 예배에 어떤 방해도 받지 않도록 마음에 걸리는 모든 일들을 용서하고 화해하십시오. 제물을 드리기 전에 먼저 해야 할 일이 있습니다. 풀어야 할 일이 있습니다. 마음이 준비되지 않으면 몸만 예배드리게 됩니다. 예배를 위한 기도는 필수입니다. 하나님께 온전히 드리는 예배가 되도록, 하나님의 거룩한 임재하심 앞에 부끄러움 없이 서도록 그리스도의 보혈을 의지하며 기도하십시오. 감사할 마음의 준비가 없는 예배는 아무런 변화나 은혜가 없고, 드림이 없는 죽은 의식이 되고 맙니다.

일상의 삶으로 준비하십시오. 이것은 우리가 가장 잊기 쉬운 부분입니다. 우리는 주일이 거룩한 날이며, 예배의 날이라는 생각은 합니다. 그러나 하나님이 기대하시는 예배는 주일의 예배에 제한되지 않습니다. 하나님은 우리의 전존재가, 우리의 삶의 모든 시간이 하나님께서 받으실 산 제물이 되기를 원하십니다.

예배는 근본적으로 성령님 안에서 하나님께 영광과 기쁨을 드리는 것입니다. 그런데 우리가 하나님께 드리는 것은 단지 아름다운 찬송과, 신실한 기도와, 헌금으로 끝나지 않습니다. 우리가 드려야할 것은 다름 아닌 우리의 몸입니다. 이미 앞에서 본 것처럼 바울은 "여러분의 몸을 하나님께서 기뻐하실 거룩한 산 제물로 드리십시오. 이것이 여러분이 드릴 합당한 예배입니다."(롬 12:1)라고 말씀하셨습니다. 그리고 몸은 단지 육체가 아닌 우리의 전인격체, 전인적인 총체를 의미한다고 하였습니다.

사랑하는 성도 여러분, 삶을 드리는 예배자가 됩시다. 일상이 하나님께 향기롭고 아름다운 예배로 드려지는 거룩한 삶을 삽시다. 우리 삶의 모든 시간, 숨 쉬는 매순간이 하나님께 온전히 드려지는 산 제물이 되게 합시다. 드림의 예배로 온전한 예배자의 삶을 이룹시다. 하나님께 드림이 최고의 기쁨이 되는 인생이 됩시다. 우리의 모든 것이 하나님께 드림이 된다면 이것보다 더 영광스럽고 복된 삶은 없을 것입니다.

9

제사 보다 나은 순종

사무엘이 나무랐다. "주님께서 어느 것을 더 좋아하시겠습니까? 주님의 말씀
에 순종하는 것이겠습니까? 아니면, 번제나 화목제를 드리는 것이겠습니까?
잘 들으십시오. 순종이 제사보다 낫고, 말씀을 따르는 것이 숫양의 기름보다
낫습니다. 거역하는 것은 점을 치는 죄와 같고, 고집을 부리는 것은 우상을 섬
기는 죄와 같습니다. 임금님이 주님의 말씀을 버리셨기 때문에, 주님께서도 임
금님을 버려 왕이 되지 못하게 하셨습니다."

(사무엘상 15:22-23)

순종은 예배의 시작이면서 예배의 결론입니다. 예배는 신앙의 심장이며,
순종은 손과 발입니다. 예배는 신앙의 뿌리이며 순종은 열매입니다. 순종으
로 예배는 완성됩니다. 순종하는 삶이 온전한 예배자의 열매입니다. 삶과 예
배는 순종을 통해 연결되고 순종을 통해 온전해집니다.

참된 예배자로 바른 예배를 드리기 위해 필요한 많은 요소들이 있습니다. 예배에 대한 바른 이해, 성도는 예배자라는 분명한 정체성, 예배의 틀을 잘 아는 것, 예배의 초점을 놓치지 않는 것, 하나님의 임재하심을 열망하는 마음, 예배 중심의 삶 등 많은 요소들이 연합하여 진정한 예배가 되게 합니다. 우리는 예배자가 가져야 할 또 다른 예배의 마음을 살펴보려고 합니다. 그것은 순종입니다.

순종 없는 번제

지금 우리는 새벽기도회 시간에 사무엘상의 말씀을 매일 묵상하고 있습니다. 지난 주간에는 사무엘상 13장을 묵상하였는데 계속해서 사울 왕의 이야기가 이어지고 있습니다. 사울의 군대와 블레셋 군대가 전쟁하는 장면은 말씀을 읽는 모두에게 강한 인상을 줍니다. 블레셋 군대는 전차 3천 대와 기마병 6천 명에다가 바닷가의 모래알처럼 셀 수 없이 많은 보병을 가지고 있었습니다. 이런 블레셋 군대와 맞선 이스라엘은 아무리 봐도 전세가 불리했습니다. 그러니 이스라엘 군사들은 블레셋과 전쟁을 치르기도 전에 굴과 수풀과 바위틈과 은밀한 곳과 웅덩이에 숨기에 바빴습니다. 군인들은 점점 사기를 잃어갔고 완전히 흩어지는 위기의 상황이 되었습니다.

이 위급한 때에 사무엘은 사울 왕에게 하나님의 명령을 전했습니다. 그 내용은 전쟁을 시작하기 전에 제사를 드릴 수 있도록 7일 동안 기다리라는 것이었습니다. 이것이 하나님의 계획이었고, 하나님의 뜻이었습니다. 그러나 이와 같은 하나님의 계획과 방법은 군대를 총지휘하는 사울 왕의 경험이나 전투 상식으로는 쉽게 이해할 수 없는 것이었습니다. 그러나 하나님의 명령이니 사울은 순종합니다. 하루, 이틀, 사흘.... 마음은 타들어가지만 사울은 기다립니다. 그런데 문제는 시간이 흐를수록 전세가 더욱 위급해지는 것이었습니다. 결국 남아 있던 군인마저 사울을 버리

고 떠나기 시작합니다. 드디어 7일째가 되었습니다. 그러나 어찌
된 일인지 제사를 드려야 할 사무엘은 나타나지 않습니다. 사울
은 말할 수 없는 위기감을 느낍니다. 그리고 더 이상 참을 수 없
는 급한 마음에 그만 자신의 손으로 직접 번제의 제사를 드립니
다. 그런데 공교롭게도 사울이 번제를 끝낼 때에 사무엘이 도착
합니다. 사무엘은 제사장인 자신도 없이 이미 제사를 드린 사울
을 책망합니다. 그러자 사울은 변명합니다.

"백성은 나에게서 떠나 흩어지고, 제사장께서는 약속한 날짜
에 오시지도 않고, 블레셋 사람은 믹마스에 모여들고 있었습니
다. 이러다가는 제가 주님께 은혜를 구하기도 전에, 블레셋 사람
이 길갈로 내려와서 칠 것 같은 생각이 들어서, 할 수 없이 번제
를 드렸습니다."(삼상 13:11-12).

이 말을 들은 사무엘은 사울에게 하나님의 뜻을 다음과 같이
전합니다. "해서는 안 될 일을 하셨습니다. 주 하나님이 명하신
것을 임금님이 지키지 않으셨습니다. 명령을 어기지 않으셨더라
면, 임금님과 임금님의 자손이 언제까지나 이스라엘을 다스리도
록 주님께서 영원토록 굳게 세워 주셨을 것입니다. 그러나 이제는
임금님의 왕조가 더 이상 계속되지 못할 것입니다. 주님께서 임금
님께 명하신 것을 임금님이 지키지 않으셨기 때문에, 주님께서는

달리 마음에 맞는 사람을 찾아서, 그를, 당신의 백성을 다스릴 영도자로 세우셨습니다."(삼상 13:13-14)

사울의 입장에서 보면 그의 고충을 이해할 수 있습니다. 누가 보더라도 상황이 매우 위급했습니다. 군사들은 하나 둘 사울을 떠나가고 있었습니다. 금방이라도 적이 쳐들어올 것 같았습니다. 몹시 절박한 상황이었습니다. 그래도 사울은 하나님께 제사를 드려야 한다는 것은 알고 있었습니다. 그래서 다급한 마음으로 자신이 직접 제사를 드렸습니다.

사울 왕의 행동에 대해서 어떻게 생각하시나요? 그의 행동이 큰 문제가 되나요? 그 정도면 충분히 이해할 수 있는 상황이 아닌가요? 그러나 문제는 이런 행동이 '하나님의 명령'을 따르지 않은 것이라는 점입니다. 아무리 위급해도 하나님께서 기다리라고 하셨으면 기다려야 했습니다. 7일을 끝까지 채워야 했습니다. 이것이 순종입니다. 순종은 우리의 기분이나 상황이나 뜻에 따라 바뀔 수 있는 것이 아닙니다.

사실 이 이야기에서 하나님이 원하시고 기대하셨던 것은 제사를 드리는 의식적인 행위 자체가 아니었던 것 같습니다. 하나님은 이처럼 위급한 상황에서도 진정으로 하나님을 의지하고, 하나님을 붙잡고, 하나님을 신뢰함으로 순종하는 사울을 보기 원하셨습니다. 하지만 불행하게도 사울은 하나님의 테스트에 불합격했습니다. 사울은 제사를 드렸지만, 불순종의 제사였기에 온전한 제사로 인정받지 못했습니다. 하나님은 사울의 예배에서 순종이 빠졌기 때문에 받으시지 않으셨습니다. 예배에서 순종은 참된 예배가 되느냐 아니냐를 결정하는 매우 중요한 요소입니다.

온전한 순종

순종은 자신을 온전히 내려놓는 것입니다. 아브라함은 100세가 되어 얻은 아들인 이삭을 하나님께 바칠 때에 자신의 생각과 주장과 방법을 모두 내려놓았습니다. 오히려 아브라함은 하나님의 말씀을 받은 다음 날 아침 일찍 일어나서 온전한 순종의 마음으로 나아갔습니다. 하나님께 제단을 쌓는 희생의 예배에 그는 온전한 순종으로 반응했습니다. 예배에서 온전한 헌신은 순종 없이는 불가능합니다. 순종은 모든 예배를 참되게 하는 길입니다.

순종의 예배는 삶의 예배와 직결됩니다. 순종은 하나님 앞에서 이유를 따지는 것이 아니라 어떻게 살아야 할지를 묻는 것입니다. 하나님의 명령과 말씀에 대해 부정이 아닌 긍정의 반응을 하는 것입니다. 하나님의 말씀과 음성에 이유를 묻고 따지는 것이 아니라, 어떻게 따를 것인가를 놓고 고민하는 예배자가 되는 것입니다. 그러므로 순종에는 자기 자신이 십자가에서 죽는 결단이 따릅니다. 자신의 가치, 자신의 주장, 자신의 생각, 자신의 방법을 내려놓고, 하나님의 마음과 뜻과 계획과 방법을 선택하는 결단이 없이 순종은 불가능합니다. 하나님이 원하시는 대로 온전히 따르기 위해 육체의 모든 소욕을 내려놓고, 오직 하나님의 마음을 추구하는 것이 순종하는 예배자의 모습입니다.

구약의 제사에서 번제는 동물의 각을 뜨고 피를 받고, 제물을 온전히 태워서 드리는 제사입니다. 원래의 모양이 모두 사라지고 연기가 되어 하나님이 받으시는 제물로 드려집니다. 이처럼 예배자는 하나님 앞에 자신의 모든 것을 내려놓습니다. 자기주장과 고집과 이기심과 교만과 자랑과 모든 것을 완전히 해체하여 순종함으로 드릴 때 온전한 순종의 예배가 됩니다.

그러므로 순종의 예배자에게는 무엇보다 순종하려는 자세와 마음이 중요합니다. 하나님에 대한 의심과 부정과 불만의 태도를 가지고는 긍정적으로 순종의 응답을 할 수 없습니다. 구약 시대의 서기관들은 양피지에 성경을 옮겨 쓸 때 하나님의 이름인 '야

웨'라는 단어만 나오면 일곱 번 목욕을 하고 두렵고 떨리는 마음으로 다시 썼다고 합니다. 태도는 사람의 마음을 드러냅니다. 순종하는 자세는 예배의 진정성을 드러냅니다. 그러기에 예배자에게는 기꺼이 하나님께 온전히 드리기 위한 순종의 자세가 매우 중요합니다.

순종은 예배의 시작이면서 예배의 결론입니다. 예배는 신앙의 심장이며, 순종은 손과 발입니다. 예배는 신앙의 뿌리이며 순종은 열매입니다. 순종으로 예배는 완성됩니다. 순종하는 삶이 온전한 예배자의 열매입니다. 그러나 동시에 성도의 순종은 참된 예배의 시작입니다. 순종하는 삶 없이 온전한 예배가 드려질 수 없기 때문입니다. 삶과 예배는 순종을 통해 연결되고 순종을 통해 온전해집니다.

사울의 또 다른 이야기

오늘 본문인 사무엘상 15장에는 또 다른 이야기가 나옵니다. 이번에는 이스라엘과 아말렉의 전쟁이야기 입니다. 하나님은 이스라엘의 철천지원수인 아말렉을 진멸하시려고 사울에게 아말렉을 치라고 하십니다. 그리고 사무엘을 통해 분명한 지침을 주십니다. "너는 이제 가서 아말렉을 쳐라. 그들에게 딸린 것은 모두 전멸시켜라. 사정을 보아 주어서는 안 된다. 남자와 여자, 어린아이와 젖먹이, 소 떼와 양 떼, 낙타와 나귀 등 무엇이든 가릴 것 없이 죽여라."(삼상 15:3)

그러자 사울은 징집령을 내려 보병 20만과 유다 사람 1만 명을 모아 출전합니다. 그리고 대승을 거둡니다. 하나님이 승리를 계획하신 전쟁이었기 때문입니다. 그런데 성경은 승리의 마지막을 이렇게 기록하고 있습니다. "그러나 사울과 그의 군대는, 아각뿐만 아니라, 양 떼와 소 떼 가운데서도 가장 좋은 것들과 가장 기름진 짐승들과 어린 양들과 좋은 것들은, 무엇이든지 모두 아깝게 여겨 진멸하지 않고, 다만 쓸모없고 값없는 것들만 골라서 진멸하였다."(삼상 15:9)

사울은 하나님이 내리신 명령에 순종하여 전쟁에서 승리를 하였지만 온전한 순종이 아니었습니다. 하나님은 모두 진멸하라고 하셨는데, 사울은 좋은 것은 아깝게 여겨 남겨 두었습니다. 결국 사울의 불완전한 순종은 곧 불순종이었고, 이 불순종은 하나님이 사울을 버리시기로 작정하신 결정적인 이유가 되었습니다. 하나님은 곧장 사무엘에게 말씀하십니다. "사울을 왕으로 세운 것이 후회된다. 그가 나에게서 등을 돌리고, 나의 명령을 따르지 않는다."(삼상 15:11) 사울의 불순종이 하나님을 후회하시게 만들었습니다. 후회하시는 하나님의 마음을 본 사무엘은 그날 밤을 새워가며 주님께 부르짖어 기도했습니다.

다음 날 아침 일찍 사무엘이 사울을 만나러 갑니다. 가보니 과연 사울이 불순종하여 죽이지 않은 짐승들 소리가 가득합니다. 사무엘이 사울에게 묻습니다. "주님께서는 임금님을 전쟁터로 내보내시면서, 저 못된 아말렉 사람들을 진멸하고, 그들을 진멸할 때까지 그들과 싸우라고 하셨습니다. 그런데 어찌하여 주님께 순종하지 아니하고, 약탈하는 데만 마음을 쏟으면서, 주님께서 보시는 앞에서 악한 일을 하셨습니까?"(삼상 15:18-19)

사울이 또 핑계 댑니다. "우리 군인들이 전리품 가운데서 양 떼와 소 떼는 죽이지 않고 길갈로 끌어왔습니다. 그러나 그것은 예언자께서 섬기시는 주 하나님께 제물로 바치려고, 진멸할 짐승들 가운데서 가장 좋은 것으로 골라온 것입니다."(삼상 15:21) 하나님께 좋은 짐승을 골라 제물로 바치려고 그랬다는 것입니다. 하나님께 드릴 제물로 남긴 것인데 무슨 문제가 되느냐는 것입니다. 이때 사무엘이 그 유명한 말을 합니다. "주님께서 어느 것을 더 좋아하시겠습니까? 주님의 말씀에 순종하는 것이겠습니까? 아니면, 번제나 화목제를 드리는 것이겠습니까? 잘 들으십시오. 순종이 제사보다 낫고, 말씀을 따르는 것이 숫양의 기름보다 낫습니다."(삼상 15:22)

공교롭게도 사울의 불순종과 실패는 이렇게 제사 문제와 연결되어 있습니다. 예배는 하나님을 뵈옵고 하나님 앞으로 나아가는 매우 경이롭고, 소중하고, 복되고, 가치 있는 일이었지만, 사울의 불순종은 예배의 모든 가치를 단번에 무용지물로 만들고 말았습니다. 이렇듯 순종 없는 예배는 참된 예배가 아닙니다. 예배의 의식과 형식이 있다고 해서 예배를 드린 것이라고 할 수 없습니다. 무엇이 예배를 잘 드린 것입니까? 순서하나 틀리지 않고 막히지 않고 매끄럽고 완벽하게 진행된 것일까요? 몸과 마음으로 드리는 온전한 순종의 결단과 헌신이 있을 때 참된 예배가 됩니다. 순종이 빠진 예배는 온전하지 않습니다. 순종과 예배는 하나가 되어야 합니다. 순종의 마음과 헌신으로 예배는 성취되며, 순종하는 삶이 참된 예배를 이룹니다.

우리는 진지하게 우리의 예배를 점검해 보아야 합니다. 우리의 모습은 어떻습니까? 순종의 삶이 아름다운 예배로 드려지고 있습니까? 예배가 순종의 삶으로 연결됩니까? 예배는 신앙생활의 심장입니다. 순종은 심장을 몸의 활동으로 연결하는 혈관과도 같습니다. 혈관이 막히면 심장에 문제가 생깁니다. 심장에 문제가 생기면 몸이 죽습니다.

순종은 마음에서 시작 된다

우리는 예배드릴 때에 많은 것을 기대할 수 있습니다. 하나님의 임재하심, 우리의 마음을 찌르고 세우시는 하나님의 말씀, 감사와 희생의 드림, 생명과 언약의 성찬, 넘치는 은혜의 누림, 성도의 아름다운 사랑의 교제.... 그런데 이런 기대가 이루어지려면, 하나님께 오직 순종함으로 나아가는 마음이 있어야 합니다.

예배를 드림 자체가 우리를 부르시고, 우리에게 말씀하시고, 우리에게 가르쳐주시고, 우리에게 요청하시는 하나님의 명령에 대한 순종입니다. 참된 성도는 예배를 바르게 드림으로 하나님께 순종합니다. 성도는 예배자로 부르신 하나님의 거룩한 부르심에 순종하고, 우리에게 주시는 생명의 말씀에 순종하고, 부활의 주님께서 성찬의 은총에 초대하심에 순종하고 감사합니다.

만약 대통령의 초대를 받아 청와대에 들어가야 한다면 우리는 모든 지침에 따라야 할 것입니다. 시간도 지켜야 하고, 복장도 달라야 합니다. 악수할 때 어떻게 해야 하는지, 시선은 어떻게 해야 하는지.... 구체적인 행동 지침에 따라야 합니다. 그럼에도 불구하고 우리는 대통령의 초대에 기쁘게 응할 것입니다.

하물며 만왕의 왕이시며, 우주만물의 창조주이신 하나님의 부르심에 응답하는 우리의 마음과 자세는 달라야 합니다. 하나님은 사랑과 은혜로 우리를 부르셨고, 우리는 그 부르심에 기쁨으로 응답하며 예배합니다. 잔치에 초대를 받으면 기쁨으로 준비하고 가듯이 우리는 가장 깊고 높은 감사와 순종의 마음을 가지고 예배의 자리로 나아가야 합니다. 마음에서 우러나오는 순종, 마음에 준비된 순종, 마음으로 기뻐하는 순종의 예배자가 될 때 우리는 하나님이 찾으시는 진정한 예배자가 됩니다.

순종의 예배는 순종하려는 마음의 결단에서 시작됩니다. 우리의 모든 예배는 온전한 순종으로 드리는 예배가 되어야 합니다. 하나님의 임재하심에, 성령님의 주도하심에, 말씀으로 다가오심에 우리는 기꺼이 순종하려는 마음으로 예배의 자리에 서야 합니다. 순종하는 마음의 예배자는 예배의 모든 순서와 시간에 드리는 모습이 남다릅니다. 설교를 들을 때에는 순종하는 마음으로 아멘, 아멘, 화답하고 감사하면서 말씀을 받습니다. 찬송을 부를 때에도 감사와 기쁨에 넘쳐 거룩하신 이름을 힘차게 마음 다해 찬양합니다. 헌금도 기쁨의 드림이 됩니다. 찬양대의 찬양에 감동하며 영광을 드립니다. 자리싸움도 없습니다. 기꺼이 다른 예배자에게 자리를 양보합니다.

우리가 봉헌송으로 많이 부르는 찬송가 50장은 밴 드 벤터(J. W. Van De Venter)가 작사한 것입니다. 그는 아펠젤러 목사님이 복음을 들고 한국에 첫 발을 디뎠던 해인 1885년에 미국에서 태어났습니다. 어려서부터 미술과 음악에 조예가 깊었던 그는 자신의 직업과 소양과 모든 것이 주님께 드려지기를 원했습니다. 그리하여 자신의 모든 것을 내려놓는 믿음으로 이 가사를 지었습니다. 원래 가사는 주님께 항복하여 모든 것에 대한 권리를 하나님께 드리고 포기한다는 내용입니다.

내 모든 것 주님께 내어 드립니다.

내 모든 것 아낌없이 그분께 드립니다.

언제나 그분만 사랑하고 의지하겠습니다.

언제나 그분의 임재 속에 살겠습니다.

내 모든 것 내어 드립니다.

내 모든 것 항복합니다.

모든 것을 복되신 구주님께 드려

내 모든 것 내어 드립니다.

사도 바울은 말씀합니다. "여러분은 죽은 사람들 가운데서 살아난 사람답게, 여러분을 하나님께 바치고, 여러분의 지체를 의의 연장으로 하나님께 바치십시오."(롬 6:13) 굿뉴스 바이블에는 "하나님께 바치라"는 구절이 이렇게 번역되었습니다. "여러분의 삶 전체를 하나님께 항복하여 드리십시오." 순종은 내려놓음입니다. 순종은 항복입니다.

우리가 이렇게 하나님께 순복하는 예배자가 된다면 우리의 삶은 예배의 열매를 기쁨으로 거두는 복된 삶이 될 것입니다. 예배는 우리의 의지를 하나님께 복종하여, 우리의 모든 것으로 하나님께 순종하는 것입니다. 우리 모두 참된 순종의 예배자가 되기를 축복합니다.

10

순종의 정원, 예배의 열매

그러니 우리는 예수로 말미암아 끊임없이 하나님께 찬미의 제사를 드립시다.
이것은 곧 그의 이름을 고백하는 입술의 열매입니다. 선을 행함과 가진 것을
나눠주기를 소홀히 하지 마십시오. 하나님께서는 이런 제사를 기뻐하십니다.

(히브리서 13:15-16)

우리의 예배는 주일로 끝나지 않습니다. 우리의 예배는 주일에서 시작하여 평일로 계속 이어집니다. 주님의 부활의 은혜와 영광을 경험하고 누린 성도는 그 영광의 빛으로 한 주간을 예배자로 삽니다. 넓은 의미에서 성도의 삶은 곧 예배입니다. 삶 속에서 하나님을 향한 순종의 구체적인 행동을 통해 열매가 맺힙니다. 순종의 예배는 삶의 현장에서 그 열매가 드러납니다.

이번 주일에도 우리는 순종의 예배에 관한 말씀을 듣습니다. 예배자의 삶에는 아름다운 예배의 열매가 맺히는데, 그 열매는 순종의 정원에서 찾을 수 있습니다. 순종의 예배는 순종의 열매 곧 순종의 삶으로 증명됩니다.

순종은 삶에서 나타난다

순종의 예배는 예배시간이 끝난다고 해서 끝나지 않습니다. 궁극적으로 순종의 예배는 예배 시간 이후의 삶에서 꽃을 피우며 열매를 맺습니다. 우리의 예배는 주일로 끝나지 않습니다. 우리의 예배는 주일에서 시작하여 평일로 계속 이어집니다. 주님의 부활의 은혜와 영광을 경험하고 누린 성도는 그 영광의 빛으로 한 주간을 예배자로 삽니다. 넓은 의미에서 성도의 삶은 곧 예배입니다. 삶 속에서 하나님을 향한 순종의 구체적인 행동을 통해 열매가 맺힙니다. 순종의 예배는 삶의 현장에서 그 열매가 드러납니다.

우리는 예배자로서 하나님께 우리 자신을 산 제물로 드립니다. 또한 우리는 예배자로서 하나님이 주시는 놀라운 은혜와 영광을 누립니다. 우리는 예배 가운데 영광의 하나님을 경험합니다. 말씀을 통해 하나님의 마음을 봅니다. 성찬을 통해 그리스도의 죽으심과 희생과 부활의 영광을 경험합니다. 그리고 우리는 그 하나님의 영광의 광채, 부활의 영광을 우리의 얼굴에 지니고 세상을 향합니다. 하나님을 뵌 모세의 얼굴에 광채가 나서 수건으로 얼굴을 가렸듯이(출 33:33-35), 참된 예배자는 그의 얼굴 곧 자신의 존재가 하나님의 영광의 빛을 받은 빛나는 모습으로 세상을 향해 나갑니다. 그리고 한 주간의 삶속에서 그 빛을 발합니다.

주님께서 "너희는 세상의 빛이라"(마태 5:14)고 말씀하셨을 때 그 빛은 어디에서 나오는 것일까요? 우리 스스로가 발광체가 된 것일까요? 그 빛은 내 속에서 나오는 빛이 아니라, 그리스도의 영광의 빛을 받아 반사하는 것이 아닐까요? 그러므로 이 빛은 예배자가 예배를 통해 임재하신 하나님을 만남으로, 하나님의 영광을 경험함으로, 생명과 빛의 말씀을 받음으로, 성령님의 기름 부으심을 받음으로 반사하게 되는 빛입니다.

그러므로 온전한 예배 없이 우리는 빛난 존재가 될 수 없습니다. 예배가 심장입니다. 그리고 예배는 우리의 순종을 통하여 삶과 사역에서 꽃을 피우고 열매를 맺습니다. 예배는 우리의 삶에서 순종의 열매로 드러납니다. 사도 바울은 이런 삶을 가리켜서 '구원을 이루는 것'이라고 표현합니다. 우리의 구원은 우리의 노력과 행위와 상관없이 주어진 주님의 놀라우신 은혜의 결과입니다. 우리는 예수 그리스도의 십자가의 은혜와 사랑을 믿음으로 구원을 받습니다. 어떻게 보면 구원은 매우 수동적입니다. 구원은 주어진 것이지 이룬 것이 아니기 때문입니다. 우리의 믿음의 본질은 하나님이 십자가에서 이루신 것에(done) 있지, 우리가 이루는 것에(do) 있지 않습니다.

그러나 우리의 믿음의 삶은 능동적이어야 합니다. 바울은 말씀합니다. "그러므로, 사랑하는 여러분, 여러분이 언제나 순종한 것처럼, 내가 함께 있을 때뿐만 아니라, 지금과 같이 내가 없을 때에도 더욱 더 순종하여서, 두렵고 떨리는 마음으로 자기의 구원을 이루어 나가십시오."(빌 2:12) 바울은 구원을 이루어가라고 하십니다. 구원의 역사가 작동하게 하라고 하십니다. 구원 받은 성도의 믿음의 삶은 능동적이며, 적극적인 행동으로 나타납니다. 예배를 통해 뵙는 하나님의 거룩하심을 닮아, 예배자는 삶 속에서 순종함으로 구원을 완성해갑니다. 이렇게 거룩함을 이루어가는 것이 순종으로 예수님을 닮아가는 성화의 삶이며, 이것이 예배자의 영광입니다.

화목 하는 삶

화목 제물로 희생하신 그리스도를 예배한 사람은 삶 속에서 평화를 이루는 삶을 삽니다. 사도 바울은 성도에게 맡겨주신 직분을 이렇게 설명합니다. "이 모든 것은 하나님에게서 났습니다. 하나님께서는 그리스도를 내세우셔서, 우리를 자기와 화해하게 하시고, 또 우리에게 화해의 직분을 맡겨 주셨습니다."(고후 5:18) 예배자는 세상에서 화목하게 하는 직분을 가지고 삽니다.

예수님은 이 화목의 직분을 예배와 연결시켜서 말씀하셨습니다. "그러므로 네가 제단에 제물을 드리려고 하다가, 네 형제나 자매가 네게 어떤 원한을 품고 있다는 생각이 나거든, 너는 그 제물을 제단 앞에 놓아두고, 먼저 가서 네 형제나 자매와 화해하여라. 그런 다음에 돌아와서 제물을 드려라."(마 5:23-24) 하나님을 사랑함이 먼저입니다. 하나님을 사랑함에서 이웃 사랑이 나옵니다. 하나님을 사랑함은 예배이며, 예배가 삶의 우선순위에 있습니다. 그런데 예배 전에 먼저 형제와 자매와 화해하라고 하십니다. 이웃을 사랑한 후에 하나님을 사랑하라는 것입니다.

그러나 이 말씀은 우선순위가 바뀐 것이 아닙니다. 이미 하나님을 사랑하는 사람, 곧 예배를 드린 자는 이제 이웃을 사랑하고서 예배자의 자리에 서라는 말씀입니다. 하나님께 제물을 드린 예배자가 형제와 화목하지도 않고 다시 예배를 드린다는 것은 잘못되었다는 말씀입니다. 참된 예배를 드렸다면, 삶으로 드리는 예배의 열매를 가지고 하나님을 예배하라는 말씀입니다. 하나님 사랑과 이웃사랑은 나눌 수 없습니다. 하나님 사랑과 이웃사랑 곧 예배와 성화의 삶을 연결하는 것이 순종입니다.

참된 예배자는 화목의 삶을 삽니다. 그리고 그 순종의 삶은 또한 참된 예배를 만듭니다. 분열과 다툼과 분쟁과 갈등과 싸움이 있는 곳에서 우리는 평화의 삶을 살고 전합니다. 우리는 예배자이기 때문입니다. 삶이 예배요, 예배가 삶입니다. 이것이 순종의 예배 곧 삶의 예배입니다. 그렇기 때문에 예배를 드린 성도들이 예배가 끝나기 무섭게 다투고, 싸우고, 분쟁하는데 앞장설 수 없습니다. 이런 모습이 있다면 그런 사람들은 예배를 온전히 드린 사람들이 아닙니다. 순종 없는 형식만 갖춘 예배꾼에 불과합니다.

예배를 잘 드리면 우리는 분명 달라집니다. 삶의 변화 없이 참된 예배는 없으며, 참된 예배 없이 삶의 변화는 없기 때문입니다. 하나님은 호세아 선지자를 통해 말씀하십니다. "내가 바라는 것은 변함없는 사랑이지, 제사가 아니다. 불살라 바치는 제사보다는 너희가 나 하나님을 알기를 더 바란다."(호 6:6) 예수님도 말씀하셨습니다. "평화를 이루는 사람은 복이 있다. 그들은 하나님의 자녀라 불릴 것이다."(마 5:9)

순종 없는 예배에서 우리는 하나님의 영광스러운 임재를 경험할 수 없을 것입니다. 주님은 예배자에게 요구하십니다. '예배를 드린 너는 형제자매와 화목하여라. 예배를 드린 너는 사랑하여라. 예배를 드린 너는 용서하여라. 예배를 드린 너의 삶은 나눔과 선행에 앞장서야 한다.' 히브리서 설교자는 하나님이 기뻐하시는 예배를 이렇게 요약합니다. "선을 행함과 가진 것을 나눠주기를 소홀히 하지 마십시오. 하나님께서는 이런 제사를 기뻐하십니다."(히 13:16) 우리의 예배는 하나님이 기뻐 받으실 만한 예배입니까? 하나님께 드릴만 한 가치 있는 예배입니까?

소망과 능력의 삶

우리는 예배를 통해 부활의 주님을 경험합니다. 부활의 능력을 누립니다. 그러므로 참된 예배자의 삶에는 소망과 능력과 기쁨이 넘쳐납니다. 주님은 부활하셔서, 언제나 예배자와 함께하시며, 성령님의 능력으로 인도하십니다. "보아라, 내가 세상 끝 날까지 항상 너희와 함께 있을 것이다."(마 28:20) 이 약속이 있는데 두려워할 이유가 어디에 있습니까? 왜 낙심합니까? 왜 의심합니까?

우리가 예배를 바르고 참되게 드린다면, 우리는 모든 상황 속에서 담대하게 살아갈 수 있습니다. 예배를 잘 드리면 우리는 역경을 마주하는 것이 두렵지 않습니다. 예배를 잘 드리면 우리는 주님의 능력과 사랑 속에 굳게 서서 어떤 환란과도 맞서며 인내하며 전진할 수 있습니다. 우리가 예배를 잘 드리면 세상은 우리를 감당할 수 없을 것입니다. 히브리서 설교자는 외칩니다. "또

어떤 이들은 조롱과 채찍질뿐 아니라 결박과 옥에 갇히는 시련
도 받았으며 돌로 치는 것과 톱으로 켜는 것과 시험과 칼로 죽
임을 당하고 양과 염소의 가죽을 입고 유리하여 궁핍과 환난과
학대를 받았으니 이런 사람은 세상이 감당하지 못하느니라."(히
11:37-38) 이것이 순종하는 예배자의 승리입니다. 순종하는 예
배자가 누리는 열매입니다. 순종하는 예배자는 소망과 능력의 삶
을 힘차게 살아갑니다.

정의롭고 정직한 삶

아모스 선지자는 외칩니다. "나는, 너희가 벌이는 절기 행사들
이 싫다. 역겹다. 너희가 성회로 모여도 도무지 기쁘지 않다. 너희
가 나에게 번제물이나 곡식제물을 바친다 해도, 내가 그 제물을
받지 않겠다. 너희가 화목제로 바치는 살진 짐승도 거들떠보지
않겠다. 시끄러운 너의 노랫소리를 나의 앞에서 집어치워라! 너의
거문고 소리도 나는 듣지 않겠다. 너희는, 다만 공의가 물처럼 흐
르게 하고, 정의가 마르지 않는 강처럼 흐르게 하여라."(암 5:21-
24)

예배자를 찾으시는 하나님이 아모스를 통해 놀라운 말씀을 하십니다. 예배가 역겹다고 하십니다. 예배가 싫다고 하십니다. 예배를 집어치우라고 하십니다. 예배를 거들떠보지 않겠다고 하십니다. 찬양을 듣지 않겠다고 하십니다. 오직 정의가 마르지 않는 강처럼 흐르게 하라고 하십니다. 이는 예배가 죽고, 삶의 자리에서 순종이 사라지고, 공의가 죽고 정의가 메마른 삶을 사는 백성을 책망하시는 말씀입니다. 그들은 예배는 드렸습니다. 살진 짐승을 잡고, 곡식 제물을 드렸습니다. 노래와 악기가 예배에 넘쳐났습니다. 그러나 형식뿐인 예배, 진실함과 순종함이 없는 예배가 되어, 그들의 예배와 삶은 분리되었습니다. '예배 따로, 삶 따로'였습니다. 순종이 없는 예배였습니다. 삶의 예배가 죽었습니다. 지금 우리의 예배는 어떻습니까? 진정한 순종의 예배가 되어야 합니다. 의로우신 하나님을 예배한 성도는 의로운 삶을 삽니다. 우리는 순종하는 예배자가 되어 심히 부패하고 타락하고 불의한 사회에서 정의로운 삶을 살아내야 합니다.

그러나 불행하게도 우리의 예배는 지나치게 조용합니다. 지나치게 안전합니다. 지나치게 평안합니다. 세상의 거칠고 악하고 썩어가는 자리에 서려고 하지 않기 때문입니다. 세상의 포악하고 불의한 지도자들에게 그리스도인의 예배처럼 위협적이고 위험한 것은 없을 것입니다. 그런데 예배를 드리고 나서도 우리의 삶에, 가정에, 교회에, 사회에 아무 일도 일어나지 않는다면 이상한 일이 아닙니까?

참된 예배자의 삶은 정의롭습니다. 순종하는 예배자는 정의로운 삶으로 세상에서 하나님을 높입니다. 다윗은 노래합니다. "주님은 의로우셔서, 정의로운 일을 사랑하는 분이시니, 정직한 사람은 그의 얼굴을 뵙게 될 것이다."(시 11:7) 죄로 부패한 인간은 감히 완전하신 하나님의 얼굴을 볼 수 없습니다. 그러나 정직한 사람은 하나님을 뵙게 될 것입니다. 하나님은 예배 가운데 정직한 사람에게 자신을 드러내십니다.

지금 우리 사회에는 의로운 삶이 희귀해져 가고 있습니다. 정직이 사라져갑니다. 사회뿐 아니라 가정과 교회에까지 불신과 불의가 퍼지고 있습니다. 예배자의 왕 다윗이 어떻게 하나님을 기쁘시게 하는 예배자가 될 수 있었을까요? 그것은 곧 그의 정직한 삶에 있었습니다. 그는 하나님께 정직하게 회개하고, 울부짖고, 애통하고, 토로하였습니다. 심지어 하나님께 그의 불평과 고통과 환란까지도 털어 놓았습니다. 그는 하나님 앞에 정직하였습니다. 그의 삶은 언제나 하나님 앞에 드려진 예배의 삶이었습니다.

정직한 자의 예배에는 열정이 타오릅니다. 정직하면 하나님 앞에 두렵지 않기 때문입니다. 우리의 삶이 하나님 앞에 진실하기를 구하는 마음이 있어야 합니다. 다윗이 자신의 죄를 깨닫고 구한 기도가 우리의 기도가 되어야 합니다. "하나님이여 제 속에 정한 마음을 창조하시고 제 안에 정직한 영을 새롭게 하소서."(시 51:10) 우리는 세상과 달라야 합니다. 순종하는 예배자로 거룩하게 살기를 추구해야 합니다. 정직하고 의로운 삶에 힘써야 합니다. 삶이 예배입니다. 삶과 무관한 예배는 없습니다. 우리는 순종하는 삶의 예배를 통해서 드림의 예배를 준비합니다.

　우리가 주일에 하나님께 드리는 예배는 지난 한 주간의 삶의 전부를 가지고 드리는 것입니다. 우리에게는 예배당에 와서 하는 것, 교회의 사역은 중요하게 여기고 가정이나 삶의 터전인 세상에서 하는 것은 작은 것이라고 생각하는 경향이 있습니다. 그러나 교회 밖에서 올바르게 행동하지 않는다면, 교회에서도 바르게 예배할 수 없습니다. 예배실에 들어서는 순간 우리가 갑자기 거룩해지지 않습니다. 우리의 신앙고백과 삶이 일치할 때 하나님은 우리의 예배를 기뻐하십니다. 물론 우리는 의로운 자가 아닙니다. 온전하지도 않습니다. 그러나 우리는 예수님의 십자가를 의지하며, 의롭고 정직하고 바른 삶의 예배자가 되기에 힘써야 합니다.

• 선교의 삶

우리가 온전한 순종의 예배자가 된다면, 우리의 삶은 선교적인 삶이 될 수밖에 없습니다. 이사야 선지자는 성전에서 하나님의 영광스러운 임재를 경험하면서 부르심에 헌신하였습니다. "그 때에 나는 주님께서 말씀하시는 음성을 들었다. "내가 누구를 보낼까? 누가 우리를 대신하여 갈 것인가?" 내가 아뢰었다." 제가여기에 있습니다. 저를 보내어 주십시오."(사 6:8)

안디옥 교회는 예배 가운데 성령님의 말씀에 순종하여 바울과 바나바를 선교사로 파송하였습니다(행 13:2). 성도의 사명은 예배이며, 교회의 존재 목적은 예배입니다. 우리가 이 사명에 헌신하여 순종하는 예배자가 될 때 예배는 선교와 전도의 엔진이 됩니다. 예배를 바르게 드리면 선교의 열정이 타오릅니다. 순종하는 예배자가 된다면 전도의 열정이 타오릅니다. 예배가 사역의 시작이며 연료입니다. 우리의 예배가 순종의 예배로 살아나야 합니다. 예배의 심장이 뜨겁게 뛰고, 예배의 은혜와 능력이 공급될 때 복음의 생명이 살아날 것입니다. 구원의 역사가 일어날 것입니다.

예배의 열매는 순종의 정원에서

하나님이 찾으시는 사람은 영과 진리로 예배하는 참된 예배자입니다. 하나님이 가장 기뻐하시는 자리는 예배의 자리입니다. 하나님이 가장 기뻐하시는 열매는 순종의 열매입니다. 순종하는 예배자의 삶에 하나님의 은혜가 꽃핍니다. 순종하는 예배자의 삶에 하늘의 평화와 기쁨과 능력이 활짝 피어납니다. 예배의 열매는 순종의 정원에서 맺힙니다. 하나님 앞에서 순종하며 사는 예배자의 삶의 크기는 곧 하나님께 순종한 크기와 비례합니다. 순종한 만큼 하나님이 드러나십니다. 순종한 만큼 하나님이 역사하십니다. 순종한 만큼 하나님이 일하십니다.

오늘날 한국 교회의 위기는 예배의 위기입니다. 한국 교회의 예배의 위기는 순종이 없음에서 일어납니다. 유창한 설교가 없어서가 아닙니다. 예배를 위한 좋은 시설과 최첨단 시스템이 없어서가 아닙니다. 음악적으로 탁월한 찬양대가 없어서가 아닙니다. 예배에서 순종이 없기 때문입니다. 예배에서 만난 하나님의 마음을 자신의 뜻으로 삼지 못하기 때문입니다. 예배에서 주신 하나님의 음성을 외면하기 때문입니다. 예배는 빨리 끝내버리고, 자신의 세계로 달려가기에 바쁜 성도가 되었기 때문입니다.

예배를 통해 하나님을 만나고 그분의 영광스러운 임재 속에 거룩하고 빛나는 얼굴을 뵙고, 삶과 세상과 역사를 보는 새로운 눈을 가지고, 순종하는 삶의 예배자로 세워지기를 축복합니다. 예배는 기대감으로 시작하여 헌신으로 나아가며, 은총과 사랑으로 넘치고, 순종으로 열매 맺습니다. 우리가 세상을 변화시키지 못하면 세상이 우리를 변질시킵니다. 예배가 죽으면, 우리의 영혼도 삶도 죽습니다. 하나님이 찾으시는 사람, 참된 순종의 예배자가 되기를 축복합니다. 삶의 예배로 아름다운 열매를 풍성히 맺는 복된 성도가 되기를 축복합니다. 예배의 열매는 오직 순종의 정원에서 맺습니다.

11

영으로 드리는 예배

참되게 예배를 드리는 사람들이 영과 진리로 아버지께 예배를 드릴 때가 온
다. 지금이 바로 그 때이다. 아버지께서는 이렇게 예배를 드리는 사람들을 찾
으신다. 하나님은 영이시다. 그러므로 하나님께 예배를 드리는 사람은 영과
진리로 예배를 드려야 한다.

(요한복음 4:23-24)

진정한 예배는 성령님의 불로 우리의 영혼에 불이 붙는 것입니다. 성령님
이 주도하시며, 만지시며, 역사하심에 우리가 순종하고 반응하지 않는 한 예
배의 불꽃은 타오를 수 없습니다. 우리는 예배자로서 성령님께서 이끄시고
인도하심에 민감하게 반응하며 기쁨으로 따라야 합니다. 우리가 성령님을
앞서면 예배의 능력을 기대할 수 없습니다. 예배는 시작부터 마지막까지, 아
니 예배를 준비할 때부터 예배를 드린 후의 삶에까지 성령님의 주도적인 역
사와 인도하심에 따르는 것입니다.

성경에는 예배에 관한 많은 말씀이 있습니다. 그런데 특별히 오늘의 말씀은 예수님께서 예배에 관해 직접 주신 말씀입니다. 이 말씀을 보지 않고서 예배에 관해 말할 수는 없을 것입니다. 예수님은 분명하게 말씀하셨습니다. '하나님께 예배를 드리는 사람은 영과 진리로 예배를 드려야 한다.' 모든 예배는 이 말씀을 깨닫고 따르는 것과 관계되어 있습니다. 이 말씀은 하나님이 받으실 참된 예배의 기준을 분명하게 제시해줍니다.

성전의 성소에는 항상 준비된 것이 두 가지가 있었는데 그것은 촛대와 떡상이었습니다. 성소로 들어가면서 왼쪽에는 성소를 밝히는 촛불이 항상 타고 있었고, 맞은편에는 정성스럽게 여섯 개씩 두 줄로 차려진 12개의 진설병이 놓여 있었습니다(출 25:30, 37). 이처럼 성전의 성소에는 촛대와 떡상이 놓여 있었듯이, 예수님은 참된 예배는 영과 진리로 예배하는 것이라고 말씀하셨습니다.

영의 예배는 '성령 안에서'(요 7:39, 20:22) 예배를 드리는 것이며, 진리의 예배는 진리이신 예수님 안에서(요 14:6), 계시된 말씀과 진리와 일치하는 예배를 드리는 것입니다. 이렇게 영과 진리로 예배를 드려야 하는 이유는 하나님은 영이시기 때문입니다.

우리의 예배는 하나님의 은혜와 사랑의 부르심에 대한 사랑의 표현이며 믿음의 응답입니다. 예배는 하나님을 사랑하는 성도의 가장 구체적이고 분명한 고백이며 표현입니다. 그렇다면 우리가 하나님께 영과 진리로 예배를 드린다는 말씀은 무슨 뜻일까요? 먼저 영으로 드리는 예배에 관해서 생각해 보겠습니다.

사람은 영적인 존재

창세기에는 하나님께서 우주 만물을 지으시고 사람을 지으신 말씀이 나옵니다. 그런데 하나님은 사람을 다른 모든 피조물과는 구별되는 특별한 존재로 지으셨습니다. "주 하나님이 땅의 흙으로 사람을 지으시고, 그의 코에 생명의 기운을 불어넣으시니,

사람이 생명체가 되었다."(창 2:7) 하나님은 사람을 지으시고 그의 코에 생기를 불어 넣으셨습니다. 이렇게 하나님께서 생기를 불어 넣어 만드신 인간은 하나님의 형상을 지닌 영적 존재가 되었습니다. 사람 외에는 어떤 피조물도 영을 가지고 있지 않습니다. 사람이 하나님의 형상을 지녔다는 것은, 사람은 영적인 존재로 지음 받았다는 것을 포함합니다.

이처럼 사람은 영적인 존재이므로, 거룩하신 하나님을 알 수 있고, 반응할 수 있는 예배자가 될 수 있습니다. 물론 이 땅의 모든 피조물은 하나님의 영광을 드러내며, 하나님은 이 땅의 모든 피조물을 다스리시고 주장하십니다. 그러나 오직 사람만 하나님과 친밀한 관계를 맺을 수 있으며, 하나님의 거룩하신 사랑과 은혜의 초대에 사랑으로 반응할 수 있는 능력이 있습니다. 영을 가지고 있기 때문입니다. 우리의 영은 하나님의 영과 교통합니다.

'하나님은 영'이시라고 할 때 이 '영'이 꼭 성령님만을 말하는 것은 아닙니다. 육체와는 다른 분, 하나님의 주권적 자유하심, 육의 영역이 아닌 영적인 영역에서 역사하시는 하나님의 성품을 드러내는 단어입니다. 요한복음에서 영은 살리는 것, 곧 '생명'과 관계되어 있습니다. 그러므로 하나님이 영이시라는 것은 하나님은 참 생명을 주시는 분이시며, 참 생명의 근원이신 빛이시며 사랑이시라는 뜻입니다. 그러므로 예배는 하나님의 성품에 합당한 예배가 되어야 합니다. 영이신 하나님께 드리는 예배는 영과 진리의 예배가 되어야 합니다. 로렌스 형제는 「하나님 인재의 연습」에서 이렇게 말했습니다. "하나님을 영과 진리로 예배한다는 것은 그분을 본래의 마땅한 자세로 예배하는 것을 뜻한다. 하나님은 영(Spirit)이시기 때문에 그분께 드려지는 예배도 영으로(in spirit) 드려지는 것이라야 한다. 우리는 우리 영혼의 가장 깊은 곳, 가장 한가운데로부터 우러나오는 겸손하고도 거짓 없는 사랑으로 그분을 예배해야만 한다."

또한 우리의 영과 교통하시고 일하시는 하나님은 성령 하나님으로 일하십니다. 그러므로 우리가 영으로 예배하는 것은 성령님과 밀접한 관계를 가지고 있습니다. 사도 바울도 말씀합니다. "성령이 우리의 영과 함께, 우리가 하나님의 자녀임을 증언하십니다."(롬 8:16) 하나님의 거룩하신 성령님은 우리의 영을 통해 우리가 하나님의 자녀임을 깨닫게 하십니다.

예배는 영의 일입니다. 육의 일이 아닙니다. 사람의 영이 성령님과 함께 할 때 놀라운 감동과 역사가 일어납니다. 영으로 예배하는 것은 이렇게 우리의 영이 성령님께 반응하며, 성령님의 놀라운 임재하심과 일하심을 따르는 것입니다. 영이 아니고서는 하나님을 온전히 예배할 수 없습니다. 참된 예배자는 하나님께 육이 아닌 영으로 반응합니다. 성령님과 우리의 영이 만날 때 놀라운 역사가 일어납니다. 생명의 역사가 일어납니다. 거룩한 역사가 일어납니다. 참된 예배는 영으로 드리는 예배입니다. 성령님이 우리의 영에 역사하실 때 참된 예배의 감동이 일어납니다. 참된 예배의 열정이 타오릅니다. 그러면 이렇게 우리가 영으로 예배한다는 것은 구체적으로 어떤 예배를 의미하는 것일까요?

성령님이 주도하시는 예배

우리가 영으로 예배한다는 것은 예배의 주도권이 성령님께 있음을 인정하고, 우리의 영이 성령님의 역사하심에 능동적이고 적극적이며 헌신적으로 반응하는 것입니다. 성도가 예배할 때 하나님과 성도 사이에 놀라운 영적인 교제가 일어납니다. 하나님의 거룩하신 임재하심 가운데 성도는 예배함으로 나아갑니다. 그리스도의 십자가는 은혜의 보좌로 나아가는 길을 활짝 열어 놓으셨습니다. 또한 우리가 자발적으로 하나님을 향해 나아갈 때, 하나님은 우리가 주님의 이름으로 모인 곳에 임재하십니다. 하나님의 초대하심에 우리가 믿음으로 반응하고, 우리의 믿음의 반응에 하나님이 임재하시는 이 놀라운 역동적인 관계가 곧 예배의 감동이며 역사입니다.

이때 우리의 영은 성령님을 만납니다. 성령님은 우리를 이끄십니다. 성령님은 우리를 회개와 감사와 찬양과 경배와 드림과 헌신과 순종의 예배로 이끄십니다. 우리는 육이 아닌 영으로써 이와 같은 성령님의 주도하심과 역사하심에 응답합니다. 그런 의미에서 리처드 포스터는 「영적 훈련과 성장」이라는 책의 '예배의 훈련' 장에서 요한복음 4장 23절을 설명하면서 이렇게 말합니다. "예배는 하나님의 주도적인 행위에 따른 인간의 응답이다. … 예배의 핵심은 '영과 진리'에 있다. 예배는 하나님의 성령이 우리 인간의 영혼을 만지실 때 비로소 우리 속에 불붙여진다. … 성령이 우리의 영혼을 만지시기 전에는 하나님을 예배하지 못한다. … 우리의 영혼이 하나님의 불로 불붙여져야 한다."(252면)

그렇습니다. 진정한 예배는 성령님의 불로 우리의 영혼에 불이 붙는 것입니다. 성령님이 주도하시며, 만지시며, 역사하심에 우리가 순종하고 반응하지 않는 한 예배의 불꽃은 타오를 수 없습니다. 우리는 예배자로서 성령님께서 이끄시고 인도하심에 민감하게 반응하며 기쁨으로 따라야 합니다. 우리가 성령님을 앞서면 예배의 능력을 기대할 수 없습니다. 예배는 시작부터 마지막까지, 아니 예배를 준비할 때부터 예배를 드린 후의 삶에까지 성령님의 주도적인 역사와 인도하심에 따르는 것입니다.

사도 바울은 빌립보의 성도들에게 "하나님의 영으로 예배"하라(빌 3:3)고 했습니다. 성령님의 일으키심으로 예배하라는 것입니다. 그러므로 성령님이 주도하시는 역사를 따르지 않는다면 참된 예배는 불가능합니다. 예배자를 찾으시고, 성도의 예배를 받으시는 하나님께 가장 향기롭고 받으실 만한 예배로 이끄시는 분은 성령님이시지, 우리의 생각과 방법이 아닙니다. 예배는 오직 성령님의 주 무대가 되어야 합니다. 설교하는 목사도, 찬양 인도자도, 지휘자도, 반주자도, 찬양대원들도, 안내자도, 모든 예배자 어느 누구도 결코 성령님을 앞설 수 없습니다. 설교와 찬송과 찬양과 모든 순서는 성령님이 주도하심에 우리가 잘 순종하고 따를 수 있도록 준비되어야 합니다. 그러므로 예배 순서는 성령님이 주도하시도록 준비된 것이지, 성령님을 제한하는 율법이 아닙니다.

성령님이 주도하신다는 것은 곧 '성령 충만함'입니다. 성령님의 주도하심이 성령 충만의 참 뜻입니다. 성령님이 주장하시고, 통제

하시고, 주도하심에 온전히 맡기고 순종하고 따르는 것 말입니다. 우리는 모든 예배가 성령 충만의 예배가 되도록 성령님을 의지해야 합니다. 사도 바울은 말씀하셨습니다. "술에 취하지 마십시오. 거기에는 방탕이 따릅니다. 성령의 충만함을 받으십시오. 시와 찬미와 신령한 노래로 서로 화답하며, 여러분의 가슴으로 주님께 노래하며, 찬송하십시오."(엡 5:18-19)

여기서 우리는 성령 충만함에 관해 말씀하시는 초점이 예배에 있음을 알 수 있습니다. 시와 찬미와 신령한 노래로 화답하는 것이 예배입니다. 가슴으로 주님께 노래하며 찬송하는 것이 예배입니다. 하나님이 찾으시는 예배자는 성령 충만함으로 드리는 예배자입니다. 세상의 술에 취해 노래하겠습니까? 성령 충만으로 찬송하시겠습니까?

생명의 회복이 일어나는 예배

우리의 예배가 성령님이 주도하시는 예배가 될 때, 영으로 예배하는 곳에는 언제나 치유와 회복을 가져오는 생명의 역사가 일어납니다. 성령님은 우리에게 생명을 주시기 때문입니다. 예수님은 말씀하셨습니다. "생명을 주는 것은 영이다. 육은 아무 데도 소용이 없다."(요 6:63) 사도 바울은 이렇게 말씀했습니다. "육신에 속한 생각은 죽음입니다. 그러나 성령에 속한 생각은 생명과 평화입니다. 육신에 속한 생각은 하나님께 품는 적대감입니다. 그것은 하나님의 법을 따르지 않으며, 또 복종할 수도 없습니다. 육신에 매인 사람은 하나님을 기쁘게 해 드릴 수 없습니다."(롬 8:6-8)

사마리아 여인은 장소에 대해 말했지만, 예수님은 장소가 아니라 '이 때'라고 말씀하셨습니다. 바로 지금이란 말입니다. 여인이 언급한 '이 산' 곧 그리심 산 위에 세워진 성전도 아니고 예루살렘 곧 시온 산 위에 세워진 성전에서 예배드리는 것도 아니라는 것입니다. 예수님과 함께 있는 여기가 곧 예배 처소이며 예배 장소이고 지금 이 때가 곧 예배드릴 때라는 말씀입니다.

하나님의 성령님이 역사하시는 시간에, 그 곳에서 우리의 영이 반응하면, 생명의 역사가 나타납니다. 영이 사람을 살립니다. 성령님은 생명의 영이시기 때문입니다. 육은 죽음을 가져올 뿐입니다. 그러나 영은 우리를 살립니다. "육신에 속한 생각은 죽음입니다. 그러나 성령에 속한 생각은 생명과 평화입니다."(롬 8:6) 우리가 성령 충만함으로 예배를 드릴 때, 우리에게 일어나는 놀라운 변화는 생명의 회복입니다. 상처가 치유됩니다. 우리의 영이 깨어납니다. 절망 가운데 소망이 싹틉니다. 성령님은 우리를 회개하게 하시고, 상처를 드러내게 하시고, 만지시고, 깨우시고, 새롭게 하십니다. 하나님의 생기가 우리 안에 들어오면 우리는 참된 생명을 지닌 성도가 됩니다.

그렇습니다. 영의 예배가 우리를 살립니다. 영의 예배가 우리를 일으킵니다. 예배가 우리를 세워줍니다. 예배가 우리를 새롭게 합니다. 예배가 이렇게 중요합니다. 예배에 우리의 생명이 달려 있습니다. 영의 예배를 통하여 우리의 영이 깨어나고, 살아나고, 회복되는 역사가 넘치기를 기대할 수 있습니다.

영과 마음의 조화

우리가 성령 충만함으로 예배할 때, 진리의 영이신 성령님은 우리를 진리로 이끄십니다. 예수님은 말씀하셨습니다. "그분 곧 진리의 영이 오시면, 그가 너희를 모든 진리 가운데로 인도하실 것이다."(요 16:13) 그런데 진리는 단지 영으로서만이 아니라, 사람의 지성과 생각을 통해서 분명하게 드러납니다. 우리가 영으로 예배하는 것, 곧 성령 충만함으로 예배하는 것은 성령주의나 은사주의와는 다릅니다. 예배의 초점은 항상 하나님입니다. 그러나 우리가 영으로 하나님을 예배할 때, 예배자는 은혜 안에서 생명을 얻으며, 진리를 깨닫습니다.

바울은 영과 지성이 서로 조화를 이루어야 하는 것을 이렇게 말씀하셨습니다. "내가 방언으로 기도하면 내 영은 기도하지만, 내 마음은 아무런 열매를 얻지 못합니다. 그렇다면 어떻게 해야 하겠습니까? 나는 영으로 기도하고, 또 깨친 마음(mind)으로도 기도하겠습니다. 나는 영으로 찬미하고, 또 깨친 마음으로도 찬미하겠습니다."(고전 14:14-15) 여기서 바울은 영과 마음의 조화와 협력의 필요성을 말씀합니다. 우리의 예배는 지성을 배제하지 않습니다. 생각을 배제하지 않습니다. 오히려 우리의 영이 지성과 조화를 이룰 때 온전한 진리를 깨닫게 되며, 진리를 따르는 삶을 향하게 됩니다. 우리는 영과 마음으로 하나님을 온전히 알수 있습니다. 우리는 영으로 기도하고, 마음으로 기도합니다. 우리는 영으로 찬송하고, 마음으로 찬송합니다.

우리의 영과 마음이 조화롭게 온전할 때 우리는 진정으로 회

복된 삶을 살게 됩니다. 우리의 영이 성령님이 역사하시는 예배의 길을 열어줄 때, 우리의 마음은 하나님을 온전히 예배합니다. 온전한 예배를 드림으로 단지 지성적인 사람은 영성적인 모습으로 균형을 잡아갑니다. 반면에 영적 면이 강한 사람은 진리의 영이신 성령님께 순종함으로 더욱 지성적인 면을 세워 균형을 이룹니다. 우리 영의 모든 활동은 우리의 마음과 합하여 온전한 예배자가 되게 합니다.

영으로 예배합시다

그러므로 사도 바울은 말씀합니다. "하나님의 영으로 예배하며, 그리스도 예수 안에서 자랑하며, 육신을 의지하지 않는 우리들이야말로, 참으로 할례 받은 사람입니다."(빌 3:3) 예배를 생명으로 채우시는 분은 성령님입니다. 그러므로 예배 가운데 성령님의 역사를 무시하고 성령님을 외면한다면, 우리의 예배는 단순히 인간의 행위에 불과한 죽은 예배가 되고 맙니다.

예수님은 "두세 사람이 내 이름으로 모여 있는 자리, 거기에 내가 그들 가운데 있다."(마18:20)고 말씀하셨습니다. 예수님은 거룩하신 영으로 우리와 함께 하십니다. 그리하여 예배를 드릴 때 성령님은 우리 안에, 우리 가운데, 우리와 함께하십니다. 우리는 예배할 때마다 성령님이 우리와 함께하심을 신뢰해야 합니다. 또한 예수님은 "그분 곧 진리의 영이 오시면, 그가 너희를 모든 진리 가운데로 인도하실 것이다."(요 16:13)라고 말씀하셨습니다. 우리가 예배 중에 성령님을 신뢰할 때, 우리는 또한 성령님을 의지할 수 있습니다. 성령님은 우리를 진리로 인도하십니다. 그분은 우리가 진리의 말씀을 깨닫게 도우십니다. 그분은 우리를 하나님의 은혜의 보좌로 인도하십니다. 성령님이 우리의 약함을 도우시고 간구하여 주심에 대해 로마서에 이렇게 기록되어 있습니다. "성령께서도 우리의 약함을 도와주십니다. 우리는 어떻게 기도해야 할지도 알지 못하지만, 성령께서 친히 이루 다 말할 수 없는 탄식으로, 우리를 대신하여 간구하여 주십니다."(롬 8:26)

성령님을 온전히 의지하는 예배자가 됩시다. 성령님을 온전히 따르는 예배자가 됩시다. 육체를 신뢰하지 않고 성령님만을 신뢰하는 예배자가 됩시다. 예배의 모든 물리적이고 육적인 것들은 오직 영으로 드리는 예배가 될 때 의미와 가치와 생명을 가지게 됩니다. 성령님은 하나님께서 받으시는 온전한 예배가 무엇인지 아십니다. 성령님은 하나님의 생각을 아시기 때문입니다. 그러므로 성령님을 따르는 것보다 더 온전하게 예배하는 길은 없습니다. 우리의 육의 것은 모두 내려놓고 영으로 예배하며, 성령님을 따르는 자유와 기쁨과 생명이 넘치는 예배자가 됩시다. 우리의 영이 즐거이 성령님을 따르는 감동과 기쁨과 생명이 넘쳐나는 복된 예배자가 되기를 축복합니다.

12

진리로 드리는 예배

참되게 예배를 드리는 사람들이 영과 진리로 아버지께 예배를 드릴 때가 온
다. 지금이 바로 그 때이다. 아버지께서는 이렇게 예배를 드리는 사람들을 찾
으신다. 하나님은 영이시다. 그러므로 하나님께 예배를 드리는 사람은 영과
진리로 예배를 드려야 한다.

(요한복음 4:23-24)

　　예수님은 우리의 예배의 중심이며, 우리는 예수 그리스도를 통하여, 예수
그리스도께, 예수 그리스도 안에서 예배합니다. 진리로 예배를 드림은 곧 예
수 그리스도 중심의 예배를 드리는 것입니다. 그리스도가 예배의 목표이며,
예배의 이유이며, 예배의 기쁨이며, 예배의 초점입니다. 성도는 예배 가운데
그리스도만을 기대하고, 의지하고, 바라보고, 환호하며, 기뻐합니다. 우리는
진리의 예배 가운데 그리스도를 마시며, 그리스도를 맛보며, 그리스도를 누
리며, 그리스도를 숨쉬며, 그리스도께 잠기며, 그리스도께 안기며, 그리스도
께 맡기며, 그리스도께 드립니다. 진리의 예배에는 그리스도께서 부활하신
승리의 기쁨과 축제와 감사와 찬양이 넘쳐납니다.

우리는 지금 예배에 관해 예수님께서 주신 매우 중요한 말씀을 보고 있습니다. 예수님은 영이신 하나님께 드리는 예배는 영과 진리로 드리는 예배가 되어야 한다고 말씀하셨습니다. 우리는 먼저 '영으로 드리는 예배'에 대해 말씀을 들었습니다. 예수님은 말씀하셨습니다. "생명을 주는 것은 영이다. 육은 아무 데도 소용이 없다. 내가 너희에게 한 이 말은 영이요 생명이다."(요 6:63) 이 구절에서 예수님은 영이라는 개념을 예수님께서 제자들에게 주신 말씀과 연결시키고 계십니다. 생명을 주는 것은 영이라고 하시면서, 예수님이 제자들에게 주신 그 말씀이 영이고 생명이라고 하십니다. 예수님의 말씀은 죽은 문자가 아니라, 살아서 역동하는 생명력이 있는 영이라고 하십니다. 그러므로 말씀이 우리를 살립니다. 죄로 인하여 영원한 죽음의 형벌에 처한 허탄한 육신은 예수님의 생명의 말씀으로 되살아납니다.

하나님은 말씀하십니다. "귀가 있는 사람은, 성령이 교회들에게 하시는 말씀을 들어라."(계 3:6) 성령님은 성도들에게, 교회들에게 말씀하십니다. 그러므로 함께 모인 회중의 공예배는 성령님이 말씀하시고 역사하시는 가장 귀한 시간이며 자리입니다. 성령님은 성도의 영혼에 불을 붙여 예배를 가능케 하시며, 성도들에게 말씀하시며, 예배 가운데 역사하십니다.

성령님이 예배에서 주도적으로 역사하시는 것은 예배의 가장 자연스러운 모습입니다. 영으로 드리는 예배는 거룩하신 성령님이 이끄시고, 역사하시고, 감동하시고 말씀하시는 예배입니다. 예수님은 영과 진리로 예배하라고 하셨습니다. 영의 예배만도, 진리의 예배만도 아닌 영과 진리의 예배입니다. 영의 예배만 강조되면 성령주의, 체험주의에 빠집니다. 진리의 예배만 강조되면 이성주의에 빠집니다. 그러나 영과 진리가 함께 있을 때, 조화를 이룰 때, 균형을 잡을 때 바르고 온전한 예배가 됩니다. 그러면 진리로 예배를 드린다는 것은 무슨 뜻일까요?

진리이신 예수 그리스도

여기서 '진리'를 '진실함'으로 해석할 수도 있습니다. 그래서 본문을 '영과 진실함으로' 예배를 드려야 한다는 말씀으로도 풀이합니다. 그러나 '진리로 드리는 예배'는 진리이신 그리스도와 말씀 중심으로 드리는 예배를 의미합니다. 성소의 등잔과 진설병이 마주 보고 있었듯이, 영과 함께 진리로 드리는 예배는 곧 그리스도 중심으로 드리는 예배, 성경적으로 드리는 예배입니다. 진리는 하나님의 말씀입니다. 그리고 진리인 말씀의 중심에는 예수 그리스도께서 계십니다. 예수님은 말씀하셨습니다. "나는 길이요, 진리요, 생명이다. 나를 거치지 않고서는, 아무도 아버지께로 갈 사람이 없다."(요 14:6) 성도는 예수님이 진리이심을 믿고 따르는 자들입니다. 예수님은 지상에 계시는 동안 인격과 사역과 말씀으로 진리를 드러내셨습니다. 그러므로 진리의 예배는 진리의 중심이신 예수 그리스도께 초점이 맞추어진 예배입니다.

참된 예배는 예수 그리스도 안에서 하나님이 계시해 주신 생명의 진리와, 놀라운 사랑과, 은혜의 부르심에 믿음과 사랑으로 반응하는 것입니다. 참된 예배는 예수 그리스도의 이름으로 모인 예배입니다. 참된 예배는 예수 그리스도의 십자가와 부활의 능력을 찬양하는 예배입니다. 참된 예배는 부활의 주님이 성도들 가운데 함께하심을 기뻐하는 예배입니다. 우리는 예배함으로 진리이신 그리스도를 높이며, 그분을 경배하며, 그분을 찬양하며, 그분을 선포하며, 그분을 통해 드러난 놀라운 하나님의 영광을 선포합니다.

신약에 나타나는 아름다운 영광의 찬송시는 이것을 잘 드러냅니다. "그분은 하나님의 모습을 지니셨으나, 하나님과 동등함을 당연하게 생각하지 않으시고, 오히려 자기를 비워서 종의 모습을 취하시고, 사람과 같이 되셨습니다. 그분은 사람의 모양으로 나타나셔서, 자기를 낮추시고, 죽기까지 순종하셨으니, 곧 십자가에 죽기까지 하셨습니다. 그러므로 하나님께서는 그분을 지극히 높이시고, 모든 이름 위에 뛰어난 이름을 그분에게 주셨습니다. 그리하여 하늘과 땅 위와 땅 아래 있는 모든 것들이 예수님의 이름 앞에 무릎을 꿇고, 모두가 예수 그리스도는 주님이시라고 고백하여, 하나님 아버지께 영광을 돌리게 하셨습니다."(빌 2:6-11)

참된 예배자에게는 진리이신 예수님이 전부입니다. 예수님은 부활의 능력이시며, 생명의 소망이시며, 은혜의 기쁨이시며, 영원한 구세주요 주님이 되십니다. 예수님은 우리의 예배의 중심이며,

우리는 예수 그리스도를 통하여, 예수 그리스도께, 예수 그리스도 안에서 예배합니다. 진리로 예배를 드림은 곧 예수 그리스도 중심의 예배를 드리는 것입니다. 그리스도가 예배의 목표이며, 예배의 이유이며, 예배의 기쁨이며, 예배의 초점입니다. 성도는 예배 가운데 그리스도만을 기대하고, 의지하고, 바라보고, 환호하며, 기뻐합니다. 우리는 진리의 예배 가운데 그리스도를 마시며, 그리스도를 맛보며, 그리스도를 누리며, 그리스도를 숨쉬며, 그리스도께 잠기며, 그리스도께 안기며, 그리스도께 맡기며, 그리스도께 드립니다. 진리의 예배에는 그리스도께서 부활하신 승리의 기쁨과 축제와 감사와 찬양이 넘쳐납니다. 죽음과 악의 세력을 이기신 그리스도의 부활의 승리는 예배 속에서 은혜와 능력으로 나타납니다.

진리로 예배하는 모든 성도들에게는 그리스도의 부활의 능력이 충만합니다. 영의 예배를 통하여 성령님이 예배를 주도하시며, 예배를 이끄십니다. 진리의 예배를 통하여 진리이신 그리스도의 충만하심으로 가득합니다. 우리는 그리스도의 놀라운 임재하심과 충만하심 속에서 참된 예배를 드립니다. 영과 진리로 드리는 예배의 기쁨이 이것입니다.

진리인 말씀

진리이신 예수 그리스도는 말씀을 통해서 드러납니다. 예수님은 곧 말씀이시며, 말씀이 육신을 입어 오신 분이 그리스도이십니다. 진리로 드리는 예배 안에서 진리이신 예수 그리스도는 말씀으로 우리에게 다가오십니다. 말씀과 그리스도는 동일한 진리이십니다. 영으로 예배드리는 것이 성령님과 통하는 길이며 성령님과 관계된다면, 진리로 예배를 드린다는 것은 예수님과 통하는 길이며 말씀과 관계되어 있습니다. 하나님은 그분의 백성들에게 말씀하셨습니다. "내 백성아 내 말을 들으라. 이스라엘아 내 도를 따르라."(시 81:13) 하나님의 사랑과 은혜의 부르심에 응답한 성도들의 믿음과 사랑과 감사의 응답인 예배에서 하나님과 성도 간에 놀라운 영적인 소통이 일어납니다. 이때 하나님은 성도들에게 말씀하십니다. 말씀은 진리입니다.

우리는 예배 가운데 진리를 만납니다. 성령님이 우리를 진리로 인도하시기 때문입니다. 하나님은 말씀으로 우리에게 오셔서 우리 자신을 보게 하시고, 깨닫게 하시고, 새롭게 하십니다. 진리의 말씀은 우리의 지성을 두드리시고, 우리의 마음을 만지시고, 우리 존재를 새롭게 하십니다. 말씀을 듣고 만나는 우리의 영혼은 놀라운 생명력으로 충만하게 됩니다. 이렇게 진리는 하나님의 말씀에서 흘러나옵니다. 진리의 예배는 하나님의 말씀이 있는 예배입니다. 하나님의 말씀하심을 듣는 예배입니다.

예배 가운데 하나님이 말씀하시는 매우 중요한 통로가 바로 설교입니다. 구약시대에는 하나님께서 택하신 예언자들을 통해 하나님의 뜻을 계시하셨습니다. 하나님이 세우신 예언자들에게 하나님의 말씀이 부어질 때 예언자들은 백성들을 향하여 말씀을 선포하였습니다. '예언자'라는 명칭의 뜻은 '하나님의 말씀을 맡은 자'입니다. 예언자가 자기 생각과 자기의 뜻을 선포한다면 그는 참된 예언자가 될 수 없었습니다. 오직 하나님이 주신 말씀만 그대로 드러내는 자가 참된 예언자였습니다. 하나님은 예언자들을 부르셔서 그들에게 영적인 권위를 부여하시고, 하나님의 말씀을 선포하게 하신 것입니다. 그러므로 예언자들의 선포는 곧 하나님의 선포였으며, 예언자들의 말씀은 곧 왕이신 하나님의 말씀이었습니다.

예수님이 이 세상에 오심으로 복음의 새 시대가 열렸을 때, 생명의 주요 은혜의 주가 되시는 예수님은 이 세상에 천국 복음을 선포하셨습니다. 예수님 자신이 곧 복음이시고 진리이셨으며, 예수님은 또한 말씀으로 복음을 선포하시고, 진리이심을 드러내셨습니다.

하나님은 우리의 예배 가운데 설교를 통해 말씀하시며, 하나님의 뜻을 보여주십니다. 그러므로 설교는 아주 엄중하며 신중하고 떨림으로 준비하고 선포하고, 들어야 합니다. 설교자는 거룩한 말씀의 통로가 되도록 힘써야 합니다. 두렵고 떨림으로 강단에 선 설교자는 하나님이 주신 신적 권위를 의지하여 두려움 없이, 사람을 의식하지 않고, 오직 주신 말씀을 담대하게 선포해야 합니다. 설교는 곧 하나님으로부터 영감을 받아 말씀을 선포하는 것이기 때문입니다. 설교는 성도 한 사람 한 사람이 말씀과 대면하는 놀라운 시간입니다. 설교는 왕의 사자가 왕의 명령을 백성에게 선포하는 것과 같습니다. 왕이 백성에게 선포한 명령은 법입니다. 왕명입니다. 그리고 누구든지 왕명을 어기는 자는 목숨을 부지할 수 없습니다. 세상의 왕이 내린 명령도 이런 권위가 있다면, 왕의 왕이요, 만물의 주관자이신 창조주 하나님의 말씀의 선포는 얼마나 더 권위가 있겠습니까? 그러므로 하나님의 말씀의 선포를 듣는 성도들에게는 절대적인 믿음과 순종이 요구됩니다.

말씀을 받는 태도

설교를 듣는 우리의 태도는 매우 중요합니다. 무엇보다 우리는 설교를 하나님이 들려주시는 진리의 음성으로 받아들이는 마음을 가져야 합니다. 사도 바울은 말씀합니다. "우리가 하나님께 끊임없이 감사하는 것은, 여러분이 우리에게서 하나님의 말씀을 받을 때에, 사람의 말로 받아들이지 아니하고, 실제 그대로, 하나님의 말씀으로 받아들였기 때문입니다. 이 하나님의 말씀은 또한, 신도 여러분 가운데서 살아 움직이고 있습니다."(살전 2:13) 이것이 설교를 듣는 참된 예배자의 태도입니다. 우리는 하나님의 음성을 사모하며, 하나님의 뜻을 듣고자 하는 열망과 간절함으로 말씀을 들어야 합니다. 성령님의 감동을 구하며 귀가 열려지기를 구해야 합니다. 잠언은 말씀합니다. "은을 구하듯 그것을 구하고, 보화를 찾듯 그것을 찾아라. 그렇게 하면, 너는 주님을 경외하는 길을 깨달을 것이며, 하나님을 아는 지식을 터득할 것이다."(잠 2:4-5) 우리가 은을 구하듯, 보화를 찾듯 그런 간절함으로 말씀을 사모하는 예배자가 되어야 합니다. 바르게 선포되는 설교를 하나님의 말씀으로 들을 때에 그 말씀은 살아서 역사합니다.

말씀이 이렇게 중요하기에 우리는 말씀을 듣기 위한 준비를 잘 해야 합니다. 예배 시간 전에 충분히 시간을 가지고 기도하면서 마음을 준비해야 합니다. 말씀을 알아들을 수 있는 성령님의 인도하심과, 말씀의 권위를 인정하고 순종하려는 마음을 구해야 합니다. 우리는 종종 자신의 마음에 들지 않는 설교자를 만날 수도 있습니다. 그러나 하나님은 공동체에 말씀하시기 위해 한 설교자를 택하여 세우셨습니다. 그러므로 우리는 예배 중에 설교자를 인정하고 말씀 앞에 무릎을 꿇어야 합니다. 설교에 집중해야 합니다.

설교 시간은 우리가 진리를 마주하는 시간입니다. 히브리서 설교자는 말씀합니다. "하나님의 말씀은 살아 있고 힘이 있어서, 어떤 양날 칼보다도 더 날카롭습니다. 그래서 사람 속을 꿰뚫어 혼과 영을 갈라내고, 관절과 골수를 갈라놓기까지 하며, 마음에 품은 생각과 의도를 밝혀냅니다."(히 4:12) 하나님께서 말씀으로 우리의 영혼과 마음과 삶을 스캔하셔서, 우리를 진단하시고, 우리를 세우시고, 우리를 치유하시고, 우리를 만지십니다. 우리는 말씀을 귀로 들으며 수동적으로 받지만, 우리의 내면에는 강력하고 능동적인 반응이 일어납니다. 이러한 반응이 일어나려면, '말씀을 들을 수 있는 귀'가 열려져야 합니다.

예수님은 "들을 귀가 있는 사람은 들어라"(막 4:9)고 말씀하셨습니다. 귀가 있다고 해서 들을 귀를 가진 것은 아닙니다. 진리의 예배가 되려면 들을 수 있는 귀를 가진 성도가 되는 것이 매우 중요합니다. 들을 귀가 없으면 우리는 원하는 것만 듣게 됩니다. 귀에 달콤한 것만 받게 됩니다. 우리가 음식을 편식하듯이 우리의 귀가 말씀을 편청(偏聽)하게 되면 우리의 영은 메마릅니다. 진리의 음성이 멀어지고, 진리의 빛이 사라지고, 진리이신 예수님은 내 삶에서 아무 영향력도 없는 존재로 작아집니다. 우리는 이 점에서 매우 조심스럽게 우리 자신을 살펴보아야 합니다.

시편의 아삽은 노래합니다. "나의 백성 이스라엘이 내 말을 듣기만 했어도 … 나를 미워하는 자들은 그들 앞에 무릎을 꿇었을 것이며, 이것이 그들의 영원한 운명이 되었을 것이다."(시 81:13, 15). 말씀을 잘 들었더라면 대적을 물리쳤을 것이라는 말씀입니다. 듣고 싶은 것만 선별적으로 들어서는 우리가 건강하고 온전한 성도로 설 수 없습니다. 하나님은 예배하는 자를 찾으십니다. 입맛에 맞는 설교를 찾는 청중이 아닙니다. 단지 설교를 듣는 것만으로 예배를 대신하는 것은 참된 예배를 왜곡하는 것입니다. 목사도 설교만 잘하면 되는 것이 아닙니다. 예배를 잘 드려야 합니다.

하나님의 음성 듣기를 기뻐하는 성도가 되기를 축복합니다.

자신이 원하는 것을 듣는 성도가 아니라, 하나님이 원하시는 말씀을 듣는 성도가 됩시다. 들을 귀가 활짝 열린 성도가 됩시다. 쓰디쓴 말씀도, 폐부를 찌르는 말씀도, 죄를 드러내는 말씀도 순종하는 마음으로 받아들일 수 있는 순종의 귀를 가진 예배자가 됩시다. 하나님은 영과 진리로 드리는 예배자를 찾으십니다. 성령님의 주도하심에 순종하는 예배자, 진리의 말씀에 사로잡힌 복된 예배자가 됩시다. 성령님의 뜨거운 마음과 진리의 머리가 하나 되는 복된 예배자가 되기를 축복합니다.

13

예배의 사중 구조

베드로는 이 밖에도 많은 말로 증언하고, 비뚤어진 세대에서 구원을 받으라고 그들에게 권하였다. 그의 말을 받아들인 사람들은 세례를 받았다. 이렇게 해서, 그 날에 신도의 수가 약 삼천 명이나 늘어났다. 그들은 사도들의 가르침에 몰두하며, 서로 사귀는 일과 빵을 떼는 일과 기도에 힘썼다. 모든 사람에게 두려운 마음이 생겼다. 사도들을 통하여 놀라운 일과 표징이 많이 일어났던 것이다.

(사도행전 2:40~43)

예배에서 말씀이 중심이 된 말씀 예전과, 예수 그리스도의 사역과 십자가와 부활의 능력을 경험하는 성찬 예전이 자연스럽게 기독교 예배의 두 기둥이 되었습니다. 시간이 흐르면서 말씀 예전 이전에 성도들이 예배를 위해 공동체로 함께 모이는 행위와, 성찬 이후에 부활의 능력을 경험하고 받은 성도들이 삶의 터전을 향하여 거룩한 결단을 하며 흩어지는 행위가 추가되면서 예배의 사중 구조를 이루게 되었습니다.

그동안 우리는 예배에 관한 여러 가지 말씀을 들었습니다. 예배에 대해 새롭게 깨달았으며, 예배가 무엇이며 참된 예배에서 중요한 여러 요소들이 무엇인지 배웠습니다. 오늘은 예배의 틀에 대해서 생각해 보려고 합니다.

기독교 예배의 시작과 모습

기독교 예배는 예수 그리스도의 십자가의 구속의 은혜와 부활의 승리를 기뻐하는 성도들이, 성령님의 충만하심 가운데 부활하신 그리스도를 기억하며 성찬을 나누고, 부활의 영광을 증거하며, 하나님을 경배함으로부터 시작되었습니다. 처음 교회의 성도들은 유대인이었기 때문에 그들은 이미 유대교의 성전과 회당 예배에 익숙한 사람들이었습니다. 그러므로 기독교 예배는 유대교의 회당 예배와 함께 순수한 그리스도인들이 모여 떡을 떼며 주님을 경배하였던 가정 예배가 어우러져 만들어낸 특별한 형태를 가지게 되었습니다.

회당은 이스라엘 백성들이 바벨론의 포로가 되었을 때에 성전 예배를 드릴 수 없는 상황에서 교육과 예배의 목적으로 생겨난 것으로 알려져 있습니다. 예수님이 승천하신 이후 예수님을 따랐던 유대인 그리스도인들은 초기에는 회당 예배에 여전히 참석하였습니다. 동쪽을 향해 지어진 회당 앞에는 하나님의 말씀을 기록한 두루마리를 넣어 두는 성경궤가 있고, 이것을 가리는 휘장이 쳐져 있으며, 일곱 촛대는 하나님의 임재하심을 상징적으로 드러냈습니다. 회당의 중앙에는 두루마리를 펴서 읽을 수 있는 독서대인 베마(bema)가 놓여 있었는데, '모세의 의자'로 불리는 의자에 앉은 랍비는 하나님의 말씀을 읽고 설명하였으며, 이후에는 기도가 드려졌습니다.

안식일마다 모여 드리는(현재의 금요일 저녁에서 토요일 오전) 회당 예배의 순서는 대체로 다음과 같았습니다.

① '들으라 이스라엘'로 시작되는 쉐마의 낭송(신 6:4-9, 11, 13-21, 민 15:37-41)

② 쉐마의 낭송 전후로 한 두 개의 찬송

③ '쉐모네 에스레'라 불리는 18가지의 찬양의 기도(처음 3개는 하나님을 찬양하는 찬양기도, 이어 12개의 청원 기도, 마지막 3개의 찬양과 감사의 기도). 유대인은 이 기도를 보통 하루에 세 번 (아침, 오후, 저녁) 드렸습니다. 그런데 안식일과 축일에는 처음 세 기도와 마지막 세 기도를 드리고, 중간의 12개의 기도 대신에 특별한 안식일이나 축일에 관계된 기도를 드렸습니다.

④ 맨 마지막 기도 전에 하는 민수기 6:24-26의 제사장 축도. 제사장이 참석한 경우라면 반드시 축도를 해야 했습니다. 유대인들은 얼굴을 예루살렘으로 향하여 선 채로 기도를 드렸습니다. 이때 회중은 인도자에 따라 '아멘'으로 응답했습니다.

⑤ 율법(토라) 낭독. 팔레스타인 전통에서는 3-4년마다, 바벨론 전통은 매년 토라 전체를 낭독했습니다. 예수님 당시 낭독자 옆에는 통역관이 있어서 아람어로 통역해 주었습니다.

⑥ 예언서 낭독. 회당 예배는 예언서 낭독으로 끝났는데, 그런 이유로 예언서 낭독을 가리켜 '하프타레'(해산)라고 불렀습니다.

⑦ 성경 해설. 성경 낭독 후에 해설(설교)이 첨가될 수도 있었습니다.

모든 남자 회원에게는 성경 읽기와 해설의 권리가 주어졌습니다. 예수님도 이 권리를 이용하여 회당에서 이사야 61:1-2을 읽고 해설하셨습니다(눅 4:16-30). 회당 예배에는 유대인들이 종교적인 성인으로 간주하는 13세부터 참여할 수 있었습니다.

이처럼 회당 예배의 초점은 말씀과 기도였습니다. 율법서와 예언서를 읽고 설교하는 것을 통한 교육과, 신앙전수를 통한 유대 공동체 형성이 매우 중요하였습니다. 회당 예배에 다른 유대인들과 함께 참여하였던 초기 그리스도인들은 예수님을 구세주요 주님으로 고백하는 사람들만의 모임도 가졌습니다. 이 모임은 가정집에서 모인 것인데, 사도행전의 기록은 마가의 다락방에 모였던 처음 교회를 이룬 공동체의 모습을 잘 보여줍니다. 뿐만 아니라 사도 바울의 선교 활동으로 인하여 세워진 교회들은 안디옥, 에베소, 데살로니가, 로마 등 곳곳의 가정에서 모인 교회였습니다.

그러면 초기 그리스도인들은 이와 같은 회당 예배에 언제까지 참여하였을까요? 예루살렘 성전이 주후 70년에 파괴되었고, 80년을 전후하여 쉐모네 에스레 기도의 12번째 기도문에 그리스도인들을 저주하는 내용이("나사렛 사람들과 이단자들이 속히 멸망하게 하시고, 이들을 생명책에서 지우시고, 의인들과 함께 기록되지 않게 하옵소서. 찬양 받으소서, 오만한 자들을 꺾으시는 여호와여!") 포함된 것이 발견되었습니다. 늦어도 이 즈음 그리스도인들은 회당 예배를 떠나 완전히 그리스도인만의 예배를 드리게 되었을 것입니다.

가정에서 모인 성도들은 서로 반갑게 인사를 하며 모임 가운데 함께하신 부활의 주님을 경험했습니다. 특별히 이 모임에서는 음식을 함께 먹는 것이 매우 중요하였습니다. 원래 유대인들이 안식일에 기도를 드리며 식사를 하였던 전통을 이은 것이기도 하지만, 그리스도인들의 기도와 모임의 초점은 예수 그리스도가 메시아가 되심을 고백하고 다시 오심을 기다리는 것이었습니다. 유대인들이 가정에서 식사를 할 때에 가장이 포도주의 잔을 들고서 하나님께 기도하고 나누었듯이, 그리스도인들의 모임에서도 거룩한 잔을 통하여 예수 그리스도를 알게 하심을 감사드린 후에, 모두가 주님께 영광을 돌리는 기도의 화답을 한 후 잔을 나누었습니다. 이와 마찬가지로 빵에 대해서도 감사를 드린 후에 서로 빵을 나누어 먹었습니다.

이렇게 식사가 끝나면 시편으로 찬양을 하고, 이어서 구약 성경의 구절들을 읽고 토론을 하였습니다. 때로 사도의 방문이 있으면 특별히 예수 그리스도의 죽으심과 부활에 관한 가르침을 받기도 하였습니다. 모두 함께 기도한 후에는 마라나타(주님, 오시옵소서!)를 외쳤습니다.

이후 매우 중요한 예식이 시작되었습니다. 이 예식은 새로운 감사의 예전인데 이것은 육체를 위한 빵과 잔의 식사가 아니라, 영혼과 신앙을 위한 특별한 예전으로 예수 그리스도의 죽으심을 기억하고, 부활을 감사하며, 그분의 죽으심과 부활에 참여하는 시간이었습니다. 그리스도의 부활의 능력으로 세상의 박해를 이김은 물론 죄의 세력을 멸하고 하나님이 베푸시는 사랑과 평화와 기쁨과 감사와 양선과 충성의 영을 기대하며 감사를 드렸습니다. 이것이 바로 하나님께 드리는 감사의 예전인 성찬예전입니다.

기독교 예배의 두 가지 기둥과 네 가지 행위

자, 우리는 이제 기독교 예배에서 매우 중요한 두 개의 기둥이 처음 교회의 성도들에 의해 지켜지고 전해졌음을 알게 되었습니다. 그것은 회당 예배의 전통에서 비롯된 말씀의 예배와, 가정에서 모여 함께 나누었던 성찬의 예배입니다. 예배에서 말씀이 중심이 된 말씀 예전과, 예수 그리스도의 사역과 십자가와 부활의 능력을 경험하는 성찬 예전이 자연스럽게 기독교 예배의 두 기둥이 되었습니다. 예수님은 제자들과 함께 하셨던 마지막 유월절 만찬에서 "이것을 행하여 나를 기억하여라"(눅 22:19)고 분명히 말씀하셨습니다. 예수님의 제자들은 이 말씀에 순종하여 그리스도인의 모임 가운데서 성찬 예전을 행하고 발전시켰습니다.

이렇게 '말씀과 성찬'이라는 예배의 기본적인 틀을 갖춘 초기 그리스도인들은 시간이 흐르면서 모든 기독교 예배의 구조가 되는 '사중 구조'를 형성하였습니다. 그것은 말씀 예전 이전에 성도들이 예배를 위해 공동체로 함께 모이는 행위와, 성찬 이후에 부활의 능력을 경험하고 받은 성도들이 삶의 터전을 향하여 기룩한 결단을 하며 흩어지는 행위가 추가된 것입니다.

이렇게 하여 기독교 예배는 '①하나님의 임재로 나아감 ②하나님의 말씀을 들음 ③하나님의 식탁에서 성찬을 나눔 ④거룩한 백성으로서 사랑의 삶을 위해 흩어짐(파송)' 이라는 네 개의 구조를 이루게 되었습니다. 이것을 가리켜 '기독교 예배의 사중 행위'라고 부릅니다. 4개의 중요한 행위라는 뜻입니다. 우리가 이것을 의식하고 있든, 의식하지 못하고 있든 그리스도인이 드리는 모든 예배는 이 구조를 가지고 있습니다.

하나님의 임재로 나아감

하나님의 임재하심 앞으로 나아가는 것은 집을 떠나 예배당을 향하는 마음에서 이미 시작됩니다. 우리는 하나님의 거룩하신 사랑의 초대장을 받고 은혜의 예배 자리로 나아옵니다. 우리는 하나님의 임재하심 앞으로 나아옵니다. 우리는 은혜의 보좌를 향하여 나아옵니다. 궁극적으로 이 시간은 하나님의 말씀을 듣기 위한 준비의 시간입니다. 이 시간에는 하나님 앞으로 나아오는 기쁨과 기대와 간절함의 마음과 태도가 중요합니다.

이 부분에서 성도는 기도와 찬양으로 하나님의 은혜의 지성소를 향해 나아갑니다. 구약의 성전에서 바깥뜰을 지나, 안뜰로 들어서고, 성소로 들어가서 마침내 지성소를 향하게 되듯이, 성도는 기도와 찬양을 통하여 하나님의 임재하심의 중심을 향해 나아가며, 말씀을 들을 마음을 준비하고 갖추게 됩니다.

말씀을 들음

준비되고 열린 성도의 마음에 하나님의 말씀이 선포됩니다. 말씀의 예전은 성도가 하나님의 임재 안에 있을 때 이루어집니다. 하나님의 말씀을 읽는 성경봉독이 있으며, 하나님이 세우신 설교자를 통하여 하나님의 말씀이 선포됩니다. 하나님의 말씀을 듣는 시간은 결코 지루할 수 없습니다. 고통스럽게 견디는 시간이 아닙니다. 오히려 이 시간은 성도들의 영혼이 살아나고, 진리의 말씀의 은혜와 능력으로 치유와 회복의 역사가 일어나는 시간입니다. 절망한 마음에 용기와 소망이 생기며, 성도와 교회의 미래와 나아갈 길을 보여주시는 비전의 시간입니다.

이 시간에서 중요한 것은 성도가 하나님의 진리의 말씀을 분명하게 듣는 것입니다. 설교의 형식이나 스타일은 다양합니다. 그러나 궁극적으로 하나님의 말씀을 듣지 못한다면 그 어떤 방식이나 전통이나 새로운 시도라도 의미 없는 시간이 되고 말 것입니다.

감사로 응답함

하나님의 말씀에 대한 감사와 헌신의 응답은 성찬으로 드러납니다. 이러한 모습은 초기 교회 예배의 모습을 전해주는 오늘 본문에 잘 드러나 있습니다. "베드로는 이 밖에도 많은 말로 증언하고, 비뚤어진 세대에서 구원을 받으라고 그들에게 권하였다. 그의 말을 받아들인 사람들은 세례를 받았다. 이렇게 해서, 그 날에 신도의 수가 약 삼천 명이나 늘어났다. 그들은 사도들의 가르침에 몰두하며, 서로 사귀는 일과 빵을 떼는 일과 기도에 힘썼다. 모든 사람에게 두려운 마음이 생겼다. 사도들을 통하여 놀라운 일과 표징이 많이 일어났던 것이다."(행 2:40-43)

이처럼 모든 성도들에게 베드로를 통해 말씀이 선포되었고, 복음을 받아들인 사람들이 세례를 받았으며, 성도들은 사도들의 가르침에 집중하면서 사랑의 교제와 빵을 떼며 기도하는 일에 헌신하였습니다. 성찬은 하나님께 드리는 가장 중요한 감사의 고백이며 결단입니다. 성찬의 모든 예문은 기도문입니다. 이 기도문의 핵심에는 하나님께 드리는 감사가 있습니다. 우주 만물의 창조주이신 하나님께 대한 감사는 물론, 예수 그리스도의 십자가의 은혜와 부활의 능력과 성령님의 임재하심과 역사에 대한 진정한 감사와 고백이 성찬의 예문을 통해 드러납니다.

성찬은 성경적인 예배의 기둥입니다. 아직도 많은 교회들이 예배에서 성찬을 온전히 회복하지 못했습니다. 성찬은 결코 어떤 특별한 프로그램이 아니며, 말씀에 부수적인 것도 아니며, 예배의 분위기를 만들기 위한 보조 수단도 아닙니다. 성찬은 성육신 하신 예수 그리스도의 모든 지상의 사역과 십자가의 사랑에 뿌리를 두고 있습니다. 예수님은 세상에서 세리나 소외된 자들과 병자들과 버림받은 자들과 함께하셨습니다. 그들을 부르셨고, 먹이셨고, 치유하시고 사랑해 주셨습니다. 성찬을 통해 우리는 주님의 성육신하심을 현재적으로 경험합니다.

성찬은 마지막 유월절 만찬 가운데 예수님께서 행하라고 하신 명령을 따라 이루어지는 예식입니다. 그래서 많은 경우 성도들은 성찬의 초점을 십자가의 고난과 죽으심에 맞춤으로 슬픔과 어두움의 우울한 성찬을 생각합니다. 그러나 성찬에서 십자가의 죽으심은 중심 요소의 하나이지만, 우리가 놓쳐서는 안 될 부분이 있습니다. 오히려 성찬은 부활하신 주님이 제자들과 함께 하셨던 그 놀라운 환희와 기쁨을 경험하는 예전입니다. 우리는 성찬에 참여함으로 부활하신 주님의 영광을 경험합니다. 더 나아가 다시 오실 주님을 바라보고 기대하며 천국의 잔치를 열망하게 됩니다. 이처럼 성찬은 기독교 예배의 중심이며, 성경적이고 바른 예배의 필수 요소입니다. 성찬에 대해서는 한 주 더 깊이 있게 생각해 볼 것입니다.

사랑과 섬김의 거룩한 삶을 위해 파송됨

예배의 마지막 부분은 '흩어짐' 혹은 '파송'입니다. 파송은 하나님께서 성도들을 세상으로 보내신다는 의미를 담고 있습니다. 예배를 통하여 하나님의 임재하심 앞에 나아가, 기도와 찬양을 드리며, 말씀을 듣고, 성찬을 통하여 하나님께 감사하며 예수 그리스도의 죽으심과 부활을 기억함으로 크고 놀라운 십자가와 부활의 은혜와 능력을 경험한 성도는, 세상에 들어가 말씀에 순종하고 사랑하는 거룩한 삶을 살도록 보냄을 받습니다. 세상의 삶은 예배와의 단절이 아니라, 예배의 연속이며 완성입니다. 그러므로 예배를 마치며 나아가는 성도들은 이제 삶의 예배가 새롭게 시작된다는 결단을 합니다.

때로는 찬송을 부르면서 헌신과 순종과 결단을 다짐하기도

합니다. 그리고 이어지는 축도는 파송을 받아 나아가는 성도들의 발걸음이 하나님의 은총과 생명과 진리의 빛으로 충만하며, 성령님의 능력으로 힘차게 나아가도록 힘을 주는 축복의 기도입니다.

때로는 축도가 회중의 응답으로 마무리되기도 합니다. 초기 그리스도인들이 '마라나타'를 외쳤듯이, 하나님께 감사와 헌신의 고백으로 축도에 응답하며 나아가는 경우도 있습니다. 축도가 끝나면 후주가 연주 되는 동안 잠시 조용한 시간을 가지며 예배를 마무리 하는 것이 필요합니다. 썰물 빠지듯 나가지 말고, 좀 더 거룩한 자리에 머물면서 주신 말씀을 묵상하고, 감사하고, 결단하는 마음을 다지는 시간이 필요합니다.

우리는 우리의 예배가 하나님께서 기뻐하실 참된 예배가 되도록 힘쓰고 준비해야 합니다. 하나님의 임재 안에서 말씀을 듣기를 사모하는 마음이 넘쳐야 합니다. 예수 그리스도의 구속의 십자가의 은혜와 사랑, 그리고 부활의 능력을 감사하며 성찬의 은혜에 참여해야 합니다. 말씀과 성찬을 통해 주시는 은혜와 감동과 능력이 넘치는 예배가 되도록 힘써야 합니다. 창조주 하나님의 임재하심과, 말씀의 능력과 부활의 주님의 은총을 경험하는 예배자가 되기를 축복합니다.

14

예배의 순서

할렐루야. 주님의 성소에서 하나님을 찬양하여라. 하늘 웅장한 창공에서 찬
양하여라. 주님이 위대한 일을 하셨으니, 주님을 찬양하여라. 주님은 더없이
위대하시니, 주님을 찬양하여라. 나팔 소리를 울리면서 주님을 찬양하고, 거
문고와 수금을 타면서 주님을 찬양하여라. 소구 치며 춤추면서 주님을 찬양
하고, 현금을 뜯고 피리 불면서 주님을 찬양하여라. 오묘한 소리 나는 제금
을 치면서 주님을 찬양하고, 큰소리 나는 제금을 치면서 주님을 찬양하여라.
숨 쉬는 사람마다 주님을 찬양하여라. 할렐루야.

(시편 150:1-6)

　　예배 공동체인 교회는 오랜 역사를 통하여 말씀과 성찬의 두 기둥과 사
중 구조로 이루어진 예배가 어떤 형식과 틀 속에서 가장 의미 있고, 경험적
이며, 생명력 있는 예배가 되는지를 따라 예배의 전통을 형성했습니다. 그리
하여 다양한 지역과 분파와 전통에 따라 중요한 의미와 가치를 지닌 다양한
순서와 형식을 가지게 되었습니다. 따라서 모든 교회의 예배 순서가 동일하
지는 않습니다. 또한 모든 교회가 동일한 순서를 가져야만 하는 것도 아닙니
다. 성경은 예배의 내용은 규정하지만, 순서를 규정하지는 않습니다. 우리는
예배의 순서가 의미하는 바를 바르게 알고 이해할 때 참된 예배자로 성숙해
갈 수 있습니다.

지난주에는 기독교 예배의 4중 구조에 대해 생각해 보았습니다. 회당 예배 전통과 식탁 예배 전통을 통해 형성된 4중 구조는 '①하나님의 임재로 나아감 ②하나님의 말씀을 들음 ③하나님의 식탁에서 성찬을 나눔, 그리고 ④거룩한 백성으로 사랑과 거룩의 삶을 위해 파송됨'이었습니다. 그러면 이런 4중 구조를 연결하고 경험하는 예배의 순서는 어떻게 짜여 있고, 어떤 의미를 가지고 있으며, 우리는 어떻게 예배를 드려야 할까요?

예배 공동체인 교회는 오랜 역사를 통하여 말씀과 성찬의 두 기둥과 사중 구조로 이루어진 예배가 어떤 형식과 틀 속에서 가장 의미 있고, 경험적이며, 생명력 있는 예배가 되는지를 따라 예배의 전통을 형성했습니다. 그리하여 다양한 지역과 분파와 전통에 따라 중요한 의미와 가치를 지닌 다양한 순서와 형식을 가지게 되었습니다. 따라서 모든 교회의 예배 순서가 동일하지는 않습니다. 또한 모든 교회가 동일한 순서를 가져야만 하는 것도 아닙니다. 성경은 예배의 내용은 규정하지만, 순서를 규정하지는 않습니다. 우리가 예배의 순서가 의미하는 바를 바르게 알고 이해할 때 참된 예배자로 성숙해 갈 수 있습니다.

하나님의 임재로 나아감

하나님의 임재로 나아가는 예배의 시작에는 여러 가지 방법이 있습니다.

• 전주

보통 전주 시간에는 예배를 위한 마음의 준비를 하게 됩니다. 오르간이나 건반으로 하며, 전주에 맞는 곡을 음향으로 틀어놓을 수도 있습니다. 전주를 들으며 성도는 조용히 묵상을 하고, 예배의 마음을 구하며, 하나님의 임재하심과 성령님의 감동하심을 구하게 됩니다.

• 예배의 시작

정해진 예배 시간이 되면 예배의 시작을 알리는 여러 가지 방법이 있습니다. 종소리와 함께 묵도를 하거나, 기도로 시작하거나, 시편과 찬양으로 시작하거나, 징을 울릴 수도 있습니다. 찬양으로 시작하는 경우에 설교자와 찬양대가 입장하는 입례(입당)를 행하는 경우도 있습니다. 집례자가 입당할 때 회중은 찬송이나 입례송(입당송)을 부르기도 합니다. 시편이나 말씀을 읽으며, 혹은 인사를 하면서 인도자가 음성으로 '예배로 부름'을 할 수도 있습니다. 종이나 징을 울림은 예배를 시작하기 위해 회중의 주의를 집중하게 하는 기능이 있으며, 하나님의 임재하심을 소망하고 알리는 방법이기도 합니다. 때로는 집례자가 '주님께서 여러분과 함께!'라고 말하면, 회중은 '목사님과도 함께!'라고 응답하면서 예배를 시작하기도 합니다.

• 경배와 찬양으로 시작함

오늘 우리의 예배는 찬양으로 시작되었습니다. 첫 찬양은 마음을 여는 찬양으로 불렀습니다. 이렇게 집례자의 음성이 아닌 회중의 찬양으로 처음을 시작하는 것은 예배자인 우리들이 수동적인 관중이 아니라, 예배의 온전한 참여자임을 분명하게 드러냅니다. 예배에서 첫 번째 음성이 누구의 음성인가는 매우 중요합니다. 첫 번째 발성은 예배 집례의 권위가 누구에게 있는지 의미하기 때문입니다. 그러므로 예배가 목회자가 아닌 회중의 음성으로 시작한다는 것은 예배의 권위를 공동체에 부여하는 깊은 뜻이 있습니다. 또한 우리가 기쁨으로 그리고 자발적으로 하나님의 은총과 부르심에 응답하여 예배자로 섰음을 표현하는 의미도 있습니다.

첫 번 찬양 후에 '예배로 부름'이 있었습니다. 때로는 찬양이나 기도 속에 예배로 초대하는 내용이 들어있기도 합니다. 하나님의 임재하심을 기대하는 마음을 가진 성도들이 그들을 예배로 부르시는 하나님의 은혜와 사랑의 초청을 들을 때, 성도는 감사와 기쁨으로 예배의 성소로 들어갑니다. 이 시간을 통해 우리는 왜 예배하는가를 알게 되며, 이를 통해 우리는 예배의 주인이 하나님이시며, 성령님이 예배를 이끌어 가심을 감사하며 응답합니다. 우리의 예배는 사람이 만들어낸 시간이 아니라, 하나님이 초대하시고 만드시는 놀라운 영적인 시간입니다.

이어서 우리는 경배찬송(찬양)을 함께 불렀습니다. 온 회중이 찬송을 부르는 시간은 설교 전과 후에도 들어가며, 성찬예전 중에도 부르는 찬양이 있습니다. 그러나 어느 순서에 부르는가에 따라서 찬양의 내용과 초점이 서로 다릅니다. 예배의 앞부분에서 부르는 찬송은 하나님을 경배함과 거룩하심을 찬양하는 영광의 찬양입니다.

• 회개의 기도와 용서의 선언

우리는 합심으로 기도하면서 하나님의 은혜와 사랑에 감사드리고, 우리의 죄를 회개하며 고백합니다. 우리가 하나님께서 받으실 거룩한 예배자가 되기 위해서는 예수님의 십자가의 은혜와 보혈의 능력으로 죄사함 받음이 있어야 합니다. 죄는 하나님과 성도 사이를 가로 막는 담과 같아서 회개하지 않은 영혼은 예배를 통하여 하나님의 은혜의 지성소에 온전히 나아갈 수 없습니다. 우리의 회개와 감사의 기도는 하나님의 용서하심을 확신함으로 드리는 기도입니다. 전통적인 예배에서는 자비송, 곧 "주여, 저희를 불쌍히 여겨 주소서"라는 의미의 "키리에 엘레이손"을 외치거나 불렀습니다. 오직 하나님만이 우리의 죄를 용서하시며, 우리는 하나님의 은총으로 죄사함을 받게 됩니다. 이 죄사함을 확증해 주시는 하나님의 용서는 집례자의 "용서의 선언(확증)"으로 분명하게 선포됩니다.

• 감사 찬미/ 시편 교독/ 영광송/ 신앙고백

하나님의 용서의 확증을 받은 성도들은 감사와 기쁨으로 하나님께서 베푸신 놀라운 은혜를 감사하며 하나님께 영광을 돌립니다. 또한 감사의 찬미도 부릅니다. 이와 함께 시편 교독과 송영을 부르기도 합니다. 시편에 곡을 붙여 부르는 전통은 '시편송'으로 예배에서 매우 중요한 찬양이 되었습니다. 찬송이 널리 퍼지면서 지금은 시편 찬양보다는 시편을 교독하는 것으로 그 형태가 남아 있습니다. 신앙고백은 설교 후에 말씀에 대한 응답으로 회중의 공동의 고백으로 하는 경우가 많습니다. 믿음의 고백이 성찬 예전으로 이어지는 경우가 많은데, 신앙고백이 설교보다 앞에 올 수도 있습니다.

• 대표기도(목회기도)

네 가지 구조의 첫 번째 단계의 마지막은 대체로 대표기도입니다. '대표기도'는 3세기경부터 생겨난 것으로 보이는데 정해진 기도문 없이 집례자나 예배자들 가운데 한 사람이 자유로이 기도하였습니다. 4세기 말경 아우구스티누스 시대에는 미리 작성된 기도문을 심사하기도 하였지만, 자유로운 기도의 전통이 계속 이어졌습니다.

이 기도에는 교회 공동체를 위한 기도로 개교회 뿐만 아니라 온 세계의 교회를 위한 기도가 포함됩니다. 또한 교회력이나 중요한 의미가 담긴 그날의 예배와 관련된 기도 및 회중들의 삶과 상황에 대한 기도를 드립니다. 전통적인 교회에서는 집례자(목회자)의 '목회기도'로 드리기도 하며, 성도들을 대표하여 평신도 지도자가 대표 기도를 드리기도 합니다. 때로는 집례자의 인도에 따라서 회중이 함께 '공동의 기도'를 드릴수도 있습니다. 침묵이 포함되기도 하며, 기록된 기도문을 읽기도 합니다. 회중은 언제나 '아멘'으로 화답합니다.

• 성도의 교제와 찬양대의 찬양

공동체의 소식을 나누는 시간은 공동체의 관심사와 여러 가지 내용을 알림으로 공동체로서의 친교와 하나됨을 이루는 매우 중요한 시간입니다. 예배의 수평적인 차원의 사건이 일어나는 시간으로 예배 순서 안에 들어오는 것이 자연스러워 보입니다. 예전에는 예배의 마지막 부분에 위치하였었는데, 요즘은 개교회의 상황에 따라 예배 순서의 다양한 자리에 들어갑니다.

찬양대는 다윗 왕의 통치 기간에 예배의 부흥을 이루면서 조

직되어 시작되었으며, 예배에서 매우 중요한 역할을 하였습니다. 기독교 예배에서 찬양은 매우 중요한 요소였는데, 종교개혁 이전까지는 찬양을 전담한 전문적으로 훈련을 받은 전문 성가대원이 세워졌습니다. 종교개혁자인 루터는 교회 음악에 대단한 열정과 관심을 가졌는데, 종교개혁을 통하여 찬양대는 특정한 전문 사역자가 아닌 일반 성도들도 할 수 있게 되었습니다. 또한 예배 중에 회중이 찬송을 부르는 것도 허락되었으며, 단순한 선율의 유니송으로 부르는 전통도 생겨났습니다. 뿐만 아니라 예배에서 모국어를 사용하는 변화도 생겼습니다. (천주교는 바티칸 II 공의회 이후 1967년부터 모국어 사용) 지금 같은 남녀 혼성의 찬양대가 화음으로 부르는 형태는 18세기에 독일에서 생겨났고, 미국과 영국 등지로 퍼져나갔습니다. 이 당시에 시편송의 틀을 벗어난 수많은 찬송가가 만들어져 교회에 보급되었습니다.

말씀 예전

다음으로 중요한 두 번째 뼈대인 '말씀 예전'으로 들어갑니다.

말씀 예전은 대체로 성경봉독, 알렐루야, 설교, 결단의 시간으로 구성되어 있습니다. 성경봉독은 전통적으로는 구약과 복음서 그리고 서신서의 낭독으로 이루어졌습니다. 이중에서 중심이 되는 것은 복음서이며, 세 본문은 교회력의 절기에 따라 서로 연관성이 있는 주제의 본문으로 준비되어 있습니다. 대체로 성경봉독은 설교를 위한 준비 정도로 생각하고 있는데 이것은 잘못된 생각입니다. 성경봉독은 그 자체로 매우 중요한 순서입니다. 성경은 하나님의 놀라운 구원의 역사의 기록이며, 예수 그리스도의 복음과 십자가의 사랑을 기억하고 전해주는 경전입니다. 성경은 예배 중에 반복적으로, 계속적으로 읽혀져야만 합니다.

기독교 예배의 전통에서는 복음서를 낭독하기 전에 우리와 같이 '복음 환호송'으로 불리는 '알렐루야'를 부르기도 하였습니다. 이 짧은 찬양은 주님의 말씀을 듣는 감사와 기쁨과 기대를 높여 부르는 찬양입니다. 많은 교회들은 '알렐루야'를 부르지 않고 회중 찬송을 부릅니다.

설교는 하나님께서 우리에게 다가오셔서 주시는 말씀이 교회와 성도들의 구체적인 삶의 상황에서 선포되는 것입니다. 우리의 예배에서 설교는 매우 강조되었습니다. 종교개혁 이후 설교 중심의 예배로 바뀌었기 때문입니다. 설교는 설교자를 통하여 울리는 하나님의 말씀의 선포입니다. 우리가 말씀을 듣는 핵심적인 태도는 설교를 사람의 말이 아니라, 하나님의 말씀으로 듣는 것입니다. 그러나 우리가 설교만을 통해 하나님의 음성을 듣는 것은 아닙니다. 찬양, 기도, 시편교독, 성경봉독, 신앙고백 등 예배의 모든 순서는 하나님과의 놀라운 복음의 소통입니다. 예배의 모든 요소와 순서가 동일하게 중요합니다. 설교가 분명 예배의 중심 요소이지만, 예배의 전부는 아닙니다. 그러므로 우리는 예배를 드릴 때 설교 만능주의에 빠져서 설교 이외의 다른 시간을 덜 중요하게 여기고 소홀히 하지 않도록 주의해야 합니다.

설교 후에 대체로 기도가 이어지며, 기도 후에는 결단의 찬송을 부릅니다. 때로는 설교 후에 신앙고백을 하는 전통이 있으며, 신앙고백 후에 기도가 이어지기도 합니다. 중요한 것은 하나님의 말씀을 들은 성도들의 마음에는 말씀에 대한 순종과 결단의 시간이 필요하다는 것입니다. 결단과 헌신은 기도나 신앙 고백의 형태가 될 수도 있고, 감사와 응답의 찬송이 될 수도 있습니다.

찬송을 어떻게 부르나?

찬송은 예배에서 매우 중요한 요소입니다. 찬송 없는 예배는 생각할 수 없습니다. 예배는 찬양 없이 드려질 수 없습니다. 그렇다면 우리는 찬양을 어떻게 드려야 할까요? 시편에는 찬양을 드리는 다양한 모습이 나옵니다.

• 목소리로 찬양합니다

아주 당연한 말입니다. 시편의 시인은 이렇게 고백합니다. "내가 입을 열어서 주님께 크게 감사드리며, 많은 사람이 모인 가운데서 주님을 찬양하련다."(시편 109:30) 그렇습니다. 우리는 입을 열어서 하나님을 찬양합니다. 입으로 찬양한다는 것은 우리의 입으로 하는 모든 말이 하나님을 찬양하는 언어가 되는 것을 말합니다. 때로는 환호성을 외치며 하나님을 찬양하기도 합니다. "의인들아, 너희는 주님을 생각하며, 즐거워하고 기뻐하여라. 정직한 사람들아, 너희는 다 함께 기뻐 환호하여라."(시 32:11)

• 노래로 찬양합니다

"감사의 노래를 드리며, 그 성문으로 들어가거라. 찬양의 노래를 부르며, 그 뜰 안으로 들어가거라. 감사의 노래를 드리며, 그 이름을 찬양하여라."(시편 100:4) 노래를 음악적으로 잘 부르느냐 못 부르느냐는 우선이 아닙니다. 바르게 찬양하는 것이 중요합니다. 우리는 노래로 하나님을 찬양합니다. 특별히 감리교도들은 찬양을 잘 부르는 성도들로 알려져 있습니다. 우리는 입을 열어서 온 마음으로 찬양해야합니다.

• 손으로 찬양합니다

손으로 찬양하는 방법에는 먼저 손뼉을 치며 찬양하는 것이 있습니다. 하나님께 환호를 하거나, 노래로 찬송할 때에 우리는 손뼉을 치면서 찬양할 수도 있습니다. "만백성아, 손뼉을 쳐라. 하나님께 기쁨의 함성을 외쳐라."(시 47:1) "강들도 손뼉을 치고, 산들도 함께 큰소리로 환호성을 올려라."(시 98:8) "이스라엘아, 창조주를 모시고 기뻐하여라. 시온의 주민아, 너희의 임금님을 모시고 큰소리로 즐거워하여라."(시 149:2)

또한 손을 높이 들어서 찬양할 수도 있습니다. 성경을 읽어 보면 손을 드는 경우는 주로 기도할 때였습니다. 그러나 하나님을 찬송할 때에도 손을 들고 했습니다(시 44:20, 시 141:2). "성소를 바라보면서, 너희의 손을 들고 주님을 송축하여라."(시편 134:2)

• 몸으로 찬양합니다

우리는 우리의 몸으로도 찬양할 수 있습니다. 가장 대표적인 것이 춤추며 찬양하는 것입니다. "소구치며 춤추면서 주님을 찬양하고, 현금을 뜯고 피리 불면서 주님을 찬양하여라."(시 150:4) "춤을 추면서 그 이름을 찬양하여라. 소구치고 수금을 타면서 노래하여라."(시 149:3) 물론 지나치게 육감적이고 세속적인 춤은 옳지 않습니다. 그러나 우리는 춤추는 예배자가 되어야 합니다.

이 외에도 악기로 하나님을 찬양할 수 있습니다. 온 회중이 모두 할 수 있는 것은 아니지만, 다양한 악기로 하나님을 찬양하는 것은 자연스러운 것입니다. 누구든지 하나님이 주신 재능과 은사로 악기를 잘 연주하여 하나님을 찬양할 수 있습니다. "나팔 소리를 울리면서 주님을 찬양하고, 거문고와 수금을 타면서 주님을 찬양하여라. 소구치며 춤추면서 주님을 찬양하고, 현금을 뜯고 피리 불면서 주님을 찬양하여라. 오묘한 소리 나는 제금을 치면서 주님을 찬양하고, 큰소리 나는 제금을 치면서 주님을 찬양하여라. 숨 쉬는 사람마다 주님을 찬양하여라. 할렐루야."(시 150:3-6) 그러나 무슨 악기든 무조건 사용될 수 있는 것은 아닙니다. 하나님을 찬양하기에 합당한 악기이며, 예배하는 마음을 고취시키는 방식의 연주이어야 합니다.

성찬 예전

초대 교회부터 기독교 예배에서 성찬은 항상 말씀과 함께 예배의 핵심 요소입니다. 종교개혁 이후 성찬이 예배에서 매우 약화되었지만, 소수의 경우를 제외하고 종교개혁자들도 성찬을 결코 예배의 부수적인 것으로 보지 않았습니다. 성찬은 지상에서의 예수 그리스도의 모든 사역에 근거를 두고 있습니다. 성찬은 예수님과 제자들의 최후의 만찬과 직접적인 관계를 가지고 있으면서도 단지 예수님의 십자가의 고난과 죽으심을 기억하는 것에 머물지 않습니다. 성찬은 부활의 승리의 만찬이며, 다시 오실 주님을 기다리는 믿음으로 하늘나라의 잔치를 미리 맛보는 것입니다. 성찬을 행하는 것이 예배에서 말씀을 약화시키는 것이 아닙니다. 오히려 성찬은 말씀을 완성하고 구체적으로 복음을 경험하는 놀라운 사건이 됩니다.

• 봉헌

성찬 예전은 봉헌으로 시작됩니다. 초기 교회에서는 성찬에 사용할 빵과 포도주를 감사의 예물로 봉헌하였지만, 11세기 이후 화폐 제도가 발달하면서 헌금으로 봉헌하였습니다. 물론 헌금 봉헌과 함께 성찬을 위한 빵과 포도주(즙, 주스)를 함께 봉헌하기도 합니다. 그러나 대부분의 교회에서는 성찬상에 빵과 포도주를 미리 진설해 놓습니다.

• 성찬 예전의 순서들

봉헌 후 봉헌송을 부른 다음 '성찬에로의 초대'로부터 성찬 예전이 시작됩니다. 성찬을 받기 위해 회개의 기도가 먼저 드려지는데, 예배의 시작 부분에서 회개의 기도를 하는 것으로 대신하기도 합니다. 이후 '평화의 인사'와 '대감사'로 불리는 '성찬 예식사', '삼성창(상투스)', '성찬 제정사', '성령임재의 기원(에피클레시스)', '주님의 기도', '분병례', '성찬 분급', '감사기도'의 순서로 진행됩니다.

파송: 생명의 씨앗으로 흩어짐

성찬 예전이 끝나면 예배의 4중 구조에서 마지막 부분인 파송의 순서가 됩니다. 이 시간은 단순히 예배가 끝나는 것이 아니라, 거룩한 사랑과 섬김의 삶을 위해 세상을 향해 나아가는 시간이며, 사명을 위해 보냄을 받는 시간입니다. 그러므로 파송은 예배의 끝이 아니라 삶의 예배의 새로운 시작이 됩니다.

이 부분은 대체로 광고, 파송의 찬송, 축도의 순서로 진행됩니다. 그러나 많은 교회들이 광고를 앞부분에서 합니다. '축도'는 회당 예배에서도 있었던 요소인데, 기독교 예배의 중요한 예전으로 점차 자리를 잡게 되었습니다. 축도를 할 때 성직자들은 일반적으로 고린도후서 13장 13절("우리 주 예수 그리스도의 은혜와 하나님의 사랑과 성령의 교제하심이 함께하기를 원하노라.")을 축도의 내용으로 사용하지만, 아론의 축복으로 알려진 민수기 6장 24-26절("주께서 여러분에게 복을 주시고 여러분을 지켜주시며, 주께서 여러분을 밝은 얼굴로 대하시고 여러분에게 은혜를 베푸시며, 주께서 그 얼굴을 여러분에게로 향하여 드사 평화 주시기를 축복하노라.")을 사용하기도 합니다. 축도는 목회자를 통하여 파송되는 성도들을 향한 축복의 기도이므로 정해진 내용만으로 해야 하는 것은 아닙니다. 매 주일 다른 내용의 축도를 다양한 형식으로 할 수도 있습니다. 이때 목사는 손바닥이 회중을 향하도록 손을 드는 것이 일반적입니다. 그러나 팔을 옆으로 펴기도 하고, 앞으로 내밀기도 합니다. 회중은 축도가 끝나면 '아멘'으로 화답합니다.

이후 찬양대의 송영이나, 오르간 후주 등이 이어집니다. 때로는 목사가 '주님과 함께 나아가 복음을 전합시다'라고 말하면 회중은 '하나님 감사합니다'라고 응답하기도 합니다. 축도 후 송영이나 오르간 반주가 끝나면 공예배가 끝나고 회중은 삶의 자리를 향해 나아갑니다. 그러나 송영 후에도 자리에 남아서 잠시 머물면서 예배를 통해 주신 말씀과 은혜를 생각하고, 사랑하고 섬기며, 복음을 전하는 삶을 위한 결심의 시간을 가지는 것이 필요합니다. 이렇게 하여 공예배의 마침은 새로운 삶의 예배를 향한 시작이 됩니다.

오늘도 우리는 새로운 예배 순서와 형식으로 예배를 드리고 있습니다. 자주 바뀌지는 않지만, 우리의 예배는 한 가지 틀에 고정되어 있지 않으며 창조적이면서도 말씀과 주제에 맞는 감동의 예배로 디자인됩니다. 우리 예배는 사중 구조 안에서 절기와 주제와 상황에 맞게 창조적으로 디자인 된 예배입니다. 우리가 어떤 순서와 형식으로 예배를 드리든지, 각각의 순서와 예배 행위가 가지는 의미를 알고, 전심으로 하나님을 향하여 나아갈 때 놀라운 거룩함의 경험, 그리고 은혜와 감동이 넘치는 예배를 드릴 수 있습니다. 우리 모두 하나님이 찾으시는 참된 예배자가 되기에 힘씁시다.

15

세례 ..

물과 성령으로

그 때에 예수께서 요한에게 세례를 받으시려고, 갈릴리를 떠나 요단 강으로 요한을 찾아가셨다. 그러나 요한은 내가 선생님께 세례를 받아야 할 터인데, 선생님께서 내게 오셨습니까? 하고 말하면서 말렸다. 예수께서 그에게 말씀하셨다. 지금은 그렇게 하도록 하십시오. 이렇게 하여, 우리가 모든 의를 이루는 것이 옳습니다. 그제야 요한이 허락하였다. 예수께서 세례를 받으시고, 곧 물에서 올라오셨다. 그 때에 하늘이 열렸다. 그는 하나님의 영이 비둘기 같이 내려와 자기 위에 오는 것을 보셨다. 그리고 하늘에서 소리가 나기를 이는 내가 사랑하는 아들이다. 내가 그를 좋아한다 하였다.

(마태복음 3:13-17)

우리는 세례를 통하여 그리스도와 연합합니다. 우리의 옛 사람은 죽고 그리스도 안에서 새 사람이 되었습니다. 우리가 그리스도와 연합할 때, 우리는 그리스도의 능력에 참여합니다. 우리의 소유권은 그리스도께 있습니다. 또한 우리는 세례를 통하여 그리스도의 몸인 교회와 연합하였음을 기억합니다. 우리는 한 성령님으로 세례를 받아 한 몸이 되었습니다(고전 12:13). 우리는 세례를 통하여 교회의 진정한 지체가 되었습니다. 우리는 세례를 통하여 거듭난 사람임을 고백하였습니다. 우리는 새 생명을 지닌 자로 중생하였습니다. 우리에게는 영원한 생명이 있습니다.

기독교 전통에서 교회는 주현절 후 첫 번째 주일을 '세례주일'로 지킵니다. 기독교 절기 중에서 날짜가 고정된 절기가 있는데 바로 주현절과 성탄절입니다. 성탄절은 매해 12월 25일, 주현절은 1월 6일입니다. 이 두 절기가 시간적으로 가까이 있는 것은 실제로 두 절기가 하나였기 때문입니다. 초대교회 당시 주현절은 원래 그리스도의 탄생을 경축하는 절기였습니다. 그러나 기독교가 로마 제국의 공인된 교회가 되고, 더 나아가 국교가 되면서 이교도들이 동지를 지나 낮이 길어지기 시작하는 때에 태양을 숭배하던 축제를 대체하여 그리스도의 탄생일을 12월 25일에 경축하게 되었습니다. 이런 변화로 인해 주현절은 온 세상의 구세주요 하나님의 아들로 나타나신 예수님을 기념하는 절기가 되었습니다. (성탄절이 12월 25일인 기원에 대한 다른 설명도 있지만, 가장 일반적인 내용만 소개합니다.) 콘스탄티노플을 중심으로 한 동방

교회에서는 주현절을 예수님의 세례 받으심을 경축하는 날로 지켰습니다. 반면 로마를 중심으로 한 서방교회에서는 동방 박사들의 방문, 예수님의 세례, 가나 혼인 잔치의 이적이라는 세 가지 위대한 사건을 통해 예수님이 자신을 드러내셨음을 경축하는 날로 지켰습니다.

주현절과 예수님의 세례

오늘날 주현절은 시기적으로 항상 성탄절 절기의 마지막에 오면서, 성탄절 절기의 특성인 대망과 성취의 위대한 시간을 매듭짓는 역할도 합니다. 또한 주현절은 그리스도께서 자신을 세상에 드러내기 시작하셨음을 보여줍니다. 이것은 2천 년 전에 예수님이 나타나시고 드러내신 일로 끝나는 과거의 일회적 사건이 아니라, 예수 그리스도의 부활의 신비를 따라서 순례의 길을 걷는 동안에 계속해서 일어나는 영적 경험이기도 합니다.

주님의 신비로운 계시와 현현을 의미하는 주현절(Epiphany)은 '나타난다'는 뜻을 가진 단어에서 왔습니다. 이 단어는 성경에서 바울이 세 번 사용하였는데 예수님의 초림을 언급할 때(딤후 1:9-10) 한 번 사용되었고, 예수님의 재림을 언급하면서(딛 2:13, 살후 2:8) 두 번 사용되었습니다. 주현절 이후 첫째 주일을 '세례 주일'로 지키며 경축하는 예수님의 세례 사건은 우리의 영적 삶에 매우 중요한 의미를 제공합니다. 왜냐하면 이 사건은 그리스도인의 영성의 핵심이 되는 예수님의 죽으심과 부활의 신비 속으로 우리를 깊숙하게 인도하기 때문입니다. 예수님의 세례가 제시하는 주제는 구원이 모든 사람에게 임하였으며, 죄는 이제 궁극적인 심판에 놓여있다는 것, 그리고 예수님이 바로 그 모든 죄를 제거하시는 하나님의 어린양이 되시며, 메시아 왕으로 기름부음 받은 분으로 하나님의 아들이심을 선포하는 것입니다. 그러므로 우리는 주님이 세례 받으신 사건을 중요한 축제이며, 그리스도의 가장 중요한 현현의 사건으로 경축합니다. 그러기에 예수님의 세례 사건은 그리스도의 생애 중에서 일어났던 어떤 사건보다도 중요합니다. 그럼에도 불구하고 우리는 주님의 세례에 대해 무관심하게 그냥 지나치곤 합니다. 우리는 주님의 세례와 관련해서, 그리고 바로 우리의 세례와 관련해서 예수님의 세례에 담긴 풍성한 의미를 우리의 영적인 순례 과정 속에서 온전히 회복해야 합니다. 왜냐하면 예수님이 세례를 받으신 것은 예수님 자신에게 일어났던 사건인 동시에 계속해서 우리에게도 일어나는 사건이기 때문입니다. 예수님의 세례는 우리의 영성을 규정하며, 우리의 변화되고 성숙해야 할 미래의 모습을 향한 원동력을 제공합니다. 이 사건 속에는 우리의 영적인 삶을 위한 강력한 통찰을 드러내는 이미지가 가득합니다. 가장 대표적인 것이 바로 요단강입니다.

세례의 뜻을 찾아서

초대교회 교부들은 요단강을 우리 자신의 세례의 원형으로 강조하였습니다. 홍해와 마찬가지로 요단강은 이스라엘의 삶의 여정에서 중요한 통과의례를 상징합니다. 이스라엘 백성들의 출애굽과 가나안으로의 여정이 보여주듯이 요단강은 타락에서 구원으로의 이동을 암시하고 있습니다. 요단강에서 세례 요한이 베푼 세례는 예수님의 사역에서 특별한 전환점이 됩니다. 세례를 통하여 예수님은 자신의 정체가 드러나지 않았던 시대로부터 이제 세상의 죄를 해결하기 위하여 이 땅에 오신 하나님의 아들로서의 자신을 분명하게 드러내셨습니다. 그러므로 우리는 예수님의 세례를 경축하면서 동시에 우리가 받은 세례를 감사하고 재확인하고 확증합니다.

예수님의 세례에서 드러나는 중요한 의미가 있습니다. 그것은 예수님의 세례는 자신의 죄 때문이 아니라, 자신이 대신하여 죽으시려는 사람들의 죄를 위하여 받으신 것이라는 점입니다. 그래서 세례와 십자가는 서로 연결됩니다. 세례 요한은 처음에는 예수님께 세례 베풀기를 거절하였습니다. 자신이 베푸는 회개의 세례가 예수님에게는 필요하지 않았기 때문입니다. 뿐만 아니라 오히려 자신이 예수님의 세례를 받아야 하며 자신은 예수님을 감당할 수 없음을 알았습니다. 그러나 예수님은 세상의 죄를 대속하시기 위해 죽을 분으로서 세례를 받는 것이기에, "이같이 하여 모든 의를 이루는 것이 합당하다"(마 3:15)고 말씀하셨습니다.

우리가 세례식을 하는 것은 예수님이 세례를 받으셨을 뿐만 아니라, 세례를 베풀라고 명령하셨기 때문입니다. 우리는 세례식을 통하여 진정으로 예수님을 믿고 거듭나서 예수님께 헌신되고 예수님을 따르는 제자가 되었음을 공적으로 회중 앞에서 고백합니다. 세례식을 통하여 회중은 세례 받은 사람을 공동체의 참된 지체로 받아들입니다. 이것은 개인이 아닌 공동체의 믿음으로 행하는 예식입니다. 오늘 우리 공동체가 세례식을 행하며, 우리 자신의 세례를 새롭게 할 때, 또한 예수님의 세례 사건을 기념할 때, 우리는 단지 예수님이 받으신 세례라는 과거 사건을 경축하는 것으로 끝나서는 안 됩니다. 오늘 우리의 세례식은 단순한 의식에 머물러서도 안 됩니다. 우리는 예수님의 세례 사건 속으로 들어가야 합니다. 4세기 동방교회 교부였던 그레고리 닛사는 예수님의 세례와 관련하여 이렇게 말하였습니다. "죄로부터 돌아서라. 그리고 요단강을 건너서 서둘러 그리스도를 따라가라. 기쁨의 열매를 맺는 땅을 향하여 어서 서두르라. 약속대로 젖과 꿀이 흐르는 시냇물로 나아가라. 그동안 머물렀던 여리고성을 무너뜨리라. 든든히 서 있도록 내버려두지 말라. 전에 있었던 이 모든 것들은 바로 우리를 위한 그림자들이다. 이 모든 것들은 이제 우리가 나타내야 할 실체의 예표들이다."

세례자

그렇습니다. 우리는 예수님의 세례를 경축하고, 우리의 세례를 재확인하면서 모든 흑암의 세력으로부터 떠나야 합니다. 우리는 이 세상의 정사와 권세들과 투쟁하는 중입니다. 악의 세력은 계속해서 우리를 무너뜨리려고 합니다. 우리는 그리스도인의 가장 중요한 정체성인 '세례자'로서의 삶을 제어하려는 흑암의 악한 권세들을 멸하는 진정한 그리스도인으로 결단해야 합니다. 우리는 예수님과 함께 세례를 통하여 하나님의 아들이요 하나님의 딸이라는 놀라운 확증을 받았습니다. 그것은 예수님의 세례와 십자가와 부활이 우리에게 가져온 선물입니다. 우리는 세례를 통하여 옛 사람을 벗어버리고 그리스도의 형상 안에서 새로운 존재로 거듭났습니다. 그렇다면 지금 우리의 삶은 이렇게 변화된 우리의 존재를 드러내며 증명하고 있습니까? 우리의 삶은 우리가 세례자임을 드러내고 있습니까?

예수님의 세례에서 또 다른 중요한 점은 예수님이 세례를 받으시고 물에서 올라오시자 하늘이 열리고 하나님의 성령이 비둘기 같이 내려와서 임하신 것입니다. 그리고 하늘에서 음성이 들렸습니다. "이는 내 사랑하는 아들이요 내 기뻐하는 자라."(마 3:17, 막 1:11, 눅 3:22) 예수님의 세례는 하나님 아버지와, 아들 예수 그리스도, 그리고 성령 하나님이 함께하시는 놀라운 삼위일체의 역사였습니다. 예수님의 복음 사역은 성령님이 임하심으로 기름 부음 받았습니다.

이처럼 세례는 단순히 물로써 행하는 의식에 그치지 않습니다. 세례는 하나님의 성령이 임하시고 함께하셔서 진정한 세례자의 삶을 살아갈 은사를 부어주시는 은총의 부르심입니다. 물로 씻고 불로 태우며 거룩하고 정결한 존재로 거듭나서 세상에서 빛과 소금으로 살아갈 성령님의 은사와 능력을 부어주심으로 온전한 예수님의 제자로 세우시는 사건이 세례입니다. 예수님이 요단강에서 세례를 받으실 때에 성령님이 비둘기 같이 그분 위에 임하셨습니다. 그러므로 우리는 세례 예식에서 '성부, 성자, 성령의 이름으로' 머리에 물을 부은 후에 이마(머리)에 기름을 바르는 의식을 행합니다.

우리는 세례를 통하여 그리스도와 연합합니다. 우리의 옛 사람은 죽고 그리스도 안에서 새 사람이 되었습니다. 우리가 그리스도와 연합할 때, 우리는 그리스도의 능력에 참여합니다. 우리의 소유권은 그리스도께 있습니다. 또한 우리는 세례를 통하여 그리스도의 몸인 교회와 연합하였음을 기억합니다. 우리는 한 성령님으로 세례를 받아 한 몸이 되었습니다(고전 12:13). 우리는 세례를 통하여 교회의 진정한 지체가 되었습니다. 우리는 세례를 통하여 거듭난 사람임을 고백하였습니다. 우리는 새 생명을 지닌 자로 중생하였습니다. 우리에게는 영원한 생명이 있습니다. "하나님이 우리에게 영원한 생명을 주셨다는 것과, 바로 이 생명은 그 아들 안에 있다는 것입니다. 그 아들을 모시고 있는 사람은 생명을 가지고 있고, 하나님의 아들을 모시고 있지 않은 사람은 생명을 가지고 있지 않습니다."(요일 5:12-13) 이제 우리는 물과 성령으로 거듭나 영생을 지닌 복된 삶을 향해 나아갑시다.

사랑하는 성도 여러분, 자신의 세례를 기억하십시오. 자신이 세례자임을 확증하십시오. 세례는 우리에게 주신 하나님의 놀라운 선물입니다. 우리는 하나님의 것입니다. 우리는 물로 씻음을 받고 성결하게 되었으며, 성령의 기름 부으심으로 인하여 거듭나고 인침을 받아 구별되었습니다. 성령님이 우리와 함께 하십니다. 또한 성령님은 우리에게 온갖 은사를 주셨습니다. 우리는 성령님과 동행하는 승리의 순례 길을 걸어갑시다. "너는 두려워 말라 내가 너를 구속하였고 내가 너를 지명하여 불렀나니 너는 내 것이라."(사 43:1) 이처럼 세례는 매우 중대하며 진지하게 행해야 할 교회의 거룩한 예전입니다. 이 시간, 우리의 세례를 새롭게 확신하며, 빛과 생명의 길을 걷는 은총의 카이로스가 되기를 축복합니다.

16

성찬··

이를 행하여 나를 기억하라

내가 여러분에게 전해 준 것은 주님으로부터 전해 받은 것입니다. 곧 주 예수께서 잡히시던 밤에, 빵을 들어서 감사를 드리신 다음에, 떼시고 말씀하셨습니다. 이것은 너희를 위하는 내 몸이다. 이것을 행하여 나를 기억하여라. 식후에, 잔도 이와 같이 하시고서, 말씀하셨습니다. 이 잔은 내 피로 세운 새 언약이다. 너희가 마실 때마다 이것을 행하여, 나를 기억하여라. 그러므로 여러분이 이 빵을 먹고 이 잔을 마실 때마다, 주님의 죽으심을 그가 오실 때까지 선포하는 것입니다.

(고전 11:23-26)

성찬은 예배의 핵심 요소입니다. 성찬은 우리에게 주시는 생명의 양식입니다. 성찬은 그리스도의 은혜와 사랑을 기억하고, 진정한 사랑의 삶을 위한 힘을 얻는 거룩한 식사입니다. 우리의 몸은 밥의 힘으로 살듯이, 우리의 영은 그리스도의 몸인 성찬을 먹고 삽니다. 우리는 성찬으로 사는 백성입니다.

이미 우리는 성찬이 기독교 예배에서 매우 중요한 두 개의 기둥 중 하나를 이루고 있음을 보았습니다. 예배를 통해 일어나는 하나님의 말씀 선포의 사건은 설교뿐만 아니라, 성찬을 통해서 더욱 깊고 신비롭게 드러납니다. 성찬은 예배의 중심요소이며, 말씀 예전을 더욱 온전하게 해줍니다. 예배에서 말씀과 함께 성찬 만큼 중요한 것은 없습니다.

성찬의 직접적인 근거는 예수님이 성목요일에 제자들과 함께 나누셨던 최후의 만찬에 있습니다. 그러나 성찬은 최후의 만찬에 제한되지 않습니다. 성찬이 최후의 만찬으로 제한되어 있다면 오직 그리스도의 죽으심과 수난에만 초점을 두게 될 것입니다. 그러나 성찬은 예수님의 모든 지상 사역을 비롯하여 십자가의 수난, 그리고 부활하신 주님의 승리의 영광을 담은, 하나님 나라의 기쁨을 맛보는 거룩한 식탁입니다. 성찬에는 바로 예수님의 복음의 이야기가 담겨 있습니다.

예수님께서 제자들과 함께하신 마지막 유월절 만찬에서 하신 말씀을 누가는 이렇게 전해줍니다. "내가 너희에게 말한다. 유월절이 하나님의 나라에서 이루어질 때까지, 나는 다시는 유월절 음식을 먹지 않을 것이다. 그리고 잔을 받아서 감사를 드리신 다음에 말씀하셨다. "이것을 받아서 함께 나누어 마셔라. 내가 너희에게 말한다. 나는 이제부터 하나님의 나라가 올 때까지, 포도나무 열매에서 난 것을 절대로 마시지 않을 것이다." 예수께서는 또 빵을 들어서 감사를 드리신 다음에, 떼어서 그들에게 주시고 말씀하셨다. "이것은 너희를 위하여 주는 내 몸이다. 이것을 행하여 나를 기억하여라." 그리고 저녁을 먹은 뒤에, 잔을 그와 같이 하시고서 말씀하셨다. "이 잔은 너희를 위하여 흘리는 내 피로 세우는 새 언약이다.""(누가 22:16-20)

예수님은 제자들과 함께 유대인들의 전통적인 유월절 만찬을 하시면서 그들이 받는 빵과 잔을 가리켜 "내 몸"이며 "내 피"라고 말씀하셨습니다. 이런 표현은 원래 유대인들의 유월절 만찬에는 없는 내용입니다. 그러므로 예수님은 최후의 유월절 만찬에서 유월절을 넘어서는 새로운 진리를 드러내셨습니다. 그리고 이것을 행하여 주님을 기억하라고 말씀하셨습니다. 그러므로 우리의 성찬은 유월절 만찬이나 최후의 만찬이 아니라 바로 예수님의 식탁이며, 예수님의 성찬입니다.

사도 바울은 고린도전서에서 성찬을 가리켜서 이렇게 말씀하셨습니다. "내가 여러분에게 전해 준 것은 주님으로부터 전해 받은 것입니다. 곧 주 예수께서 잡히시던 밤에, 빵을 들어서 감사를 드리신 다음에, 떼시고 말씀하셨습니다. "이것은 너희를 위하는 내 몸이다. 이것을 행하여 나를 기억하여라." 식후에, 잔도 이와 같이 하시고서, 말씀하셨습니다. "이 잔은 내 피로 세운 새 언약이다. 너희가 마실 때마다 이것을 행하여, 나를 기억하여라." 그러므로 여러분이 이 빵을 먹고 이 잔을 마실 때마다, 주님의 죽으심을 그가 오실 때까지 선포하는 것입니다."(고전 11:23-26) 그렇습니다. 바울 사도는 고린도의 성도들에게 성찬을 전해주었습니다. 성찬은 바울이 만들어낸 것이 아니라, 바로 주님께로부터 전해 받은 것이었습니다. 그러면서 그는 누가복음에 나오는 내용을 반복해서 알려주었습니다.

뿐만 아니라 사도행전은 예루살렘의 처음 성도들이 "사도들의 가르침에 몰두하며, 서로 사귀는 일과 빵을 떼는 일과 기도에 힘썼고"(행 2:42), 성도들은 날마다 "성전에 열심히 모이고, 집집이 돌아가면서 빵을 떼며, 순전한 마음으로 기쁘게 음식을 먹고,

하나님을 찬양하였다"(행 2:46-47)고 전해줍니다. 여기서 빵을 떼다는 것은 단순한 식사가 아니라, 분명히 성찬의 나눔을 의미합니다.

우리는 초대교회가 이와 같이 예수님의 말씀에 따라 성찬을 중요하게 실행하였음을 알 수 있습니다. 성찬은 초대교회 성도들에게 예수님을 기억하며, 예수님의 다시 오심을 바라보기에 가장 적합한 방식이었습니다. 예수님을 기억하기에 성찬보다 더 좋은 방법은 없었습니다. 그들은 자연스럽게 예배의 중심에 성찬을 받아들였으며, 지금까지 성찬은 기독교 예배의 핵심 요소가 되어왔습니다.

성찬의 4중 행위

예수님이 행하셨던 유월절 만찬에는 크게 네 가지의 중요한 행위가 들어 있습니다. 마태복음에는 이 장면이 이렇게 기록되어 있습니다. "그들이 먹고 있을 때에, 예수께서 빵을 들어서 축복하신 다음에, 떼어서 제자들에게 주시고 말씀하셨다. "받아서 먹어라. 이것은 내 몸이다." 또 잔을 들어서 감사 기도를 드리신 다음에, 그들에게 주시고 말씀하셨다. "모두 돌려가며 이 잔을 마셔라. 이것은 죄를 사하여 주려고 많은 사람을 위하여 흘리는 나의 피, 곧 언약의 피다."(마태 26:28)

여기에는 예수님께서 행하신 4가지 행위가 있습니다. 그것은 '빵을 드시고, 축복하시고(감사하시고), 떼어서, 주신 것'입니다. 이후에는 '잔을 드시고, 감사기도 하시고, 주셨습니다'. 이와 같은 행위는 엠마오로 가던 제자들이 예수님을 만나서 식사했을 때에도 다음과 같이 똑같이 나타납니다. "그리고 그들과 함께 음식을 잡수시려고 앉으셨을 때에, 예수께서 빵을 들어서 축복하시고, 떼어서 그들에게 주셨다."(눅 24:30)

• 빵을 드심

첫번째 행위는 '빵을 드심'입니다. 우리의 예배 가운데 성찬에서 사용되는 것은 빵(떡)과 포도주입니다. 우리는 주님께서 우리에게 행하실 놀라운 일을 믿고 기대하면서, 땅의 열매요 수고한 결과를 하나님께 드립니다. 예배에서 성찬예전은 봉헌 시간부터 시작됩니다. 우리가 하나님께 드리는 우리의 소산물은 바로 헌금입니다. 우리의 모든 수고는 화폐 가치로 결산되기에 우리는 헌금으로 주님께 드립니다. 그러므로 헌금과 함께 성찬에 사용될 빵과 잔을 드리는 것이 가장 자연스러운 모습입니다.

빵을 사용할 경우에는 누룩과 향료와 견과류 등을 넣지 않은 순수하게 준비된 빵을 사용하는 것이 좋습니다. 집에서 직접 굽기도 합니다. 점점 많은 교회에서 전병(혹은 밀떡)을 사용합니다. 잔으로 사용하는 것은 포도즙이나 주스를 사용하는 것이 일반적이지만, 포도주만을 사용하는 교회도 있습니다.

· 감사하심

두 번째 행위는 '축복하심' 혹은 '감사의 기도'를 드리신 것입니다. 그러므로 우리는 성찬을 통하여 빵과 잔을 감사하며 축복합니다. 빵과 잔을 받는 모든 성도들이 창조주 하나님의 사랑과 은혜를 입으며, 놀라운 은총을 입음을 감사하고 세상을 향한 복된 삶이 되기를 축복합니다.

· 빵을 떼심

세 번째 행위는 '빵을 떼는 것'입니다. 빵을 뗌으로써 성찬은 예수님의 모든 생애와 연결되며, 자신의 몸이 찢기어 십자가에서 죽으신 십자가 희생의 깊은 의미가 드러납니다. 예수님은 우리에게 말씀을 주셨을 뿐만 아니라, 자신의 몸을 주셔서 생명의 떡이 되어 주셨습니다. 그러므로 우리가 빵을 뗄 때에 주님의 사랑에 대한 감사와 경외감을 가지는 것은 자연스럽고 당연합니다. 우리는 이렇게 성찬을 통하여 주님과 복음의 은총을 기억합니다.

- ● 빵을 주심

예수님은 떼어낸 빵을 주셨습니다. 이렇게 예수님의 만찬은 예수님이 주인이 되셔서 우리를 초대하시고 우리에게 은혜로 주시기에 우리는 주님의 식탁으로 나아와서 성찬을 받습니다. 이렇게 빵을 받고 잔을 받는 우리의 마음에는 기쁨이 넘칩니다. 우리의 심령에는 하늘의 소망이 주어집니다. 놀라운 생명의 양식을 받아서 먹고 마시는 우리는 다시금 믿음과 소망과 사랑의 삶을 결단하며 감사하게 됩니다.

성찬의 진행

성찬은 이렇게 4중 행위로 이루어져 있습니다. 그렇다면 이 4중 행위가 우리의 성찬 예식에서 어떻게 실제로 진행되고 있을까요?

■ 첫 번째 행위인 '빵을 드심'에는 먼저 다음과 같은 순서가 들어 있습니다. 이 순서들은 성찬을 받기 위한 준비의 시간이 됩니다.

· 봉헌, 성찬에로의 초대, 참회의 기도, 용서의 확증

우리의 예배에서 봉헌 이후에는 성찬에로의 초대와 참회의 기도에 이어서 용서의 확증이 이어집니다. 때로는 예배의 앞부분에서 이런 내용이 이미 행해졌을 경우 곧바로 성찬 예식사(대감사)가 시작될 수도 있습니다. 성찬예식의 예문은 기도문 형태로 되어 있습니다. 기도문의 내용과 의미에 따라서 집례자의 제스처도 달라집니다. 그러므로 성찬예전이 진행되는 동안 침묵의 시간이 아니라면 눈을 뜨고 보면서 참여하는 것이 좋습니다.

• 평화의 인사

우리는 평화의 인사를 나눕니다. "샬롬(평화)"으로 축복하며 인사하는 것은 우리가 예수 그리스도의 공동체이며, 사랑의 공동체로서 성찬을 받기 위해 먼저 관계가 회복되어야하기 때문입니다. 예수님은 말씀하셨습니다. "그러므로 네가 제단에 제물을 드리려고 하다가, 네 형제나 자매가 네게 어떤 원한을 품고 있다는 생각이 나거든, 너는 그 제물을 제단 앞에 놓아두고, 먼저 가서 네 형제나 자매와 화해하여라. 그런 다음에 돌아와서 제물을 드려라."(마 5:23- 24) 평화의 인사는 단순한 인사가 아니라, 진정으로 화해하고 사랑하며, 평화를 고백하고 나누는 인사입니다.

■ 이어서 성찬의 두 번째 행위인 '감사의 기도(축사)'가 진행됩니다.

• 성찬 예식사(대감사), 삼성창

'평화의 인사' 후에 집례 목사가 "주님께서 여러분과 함께!"라고 말하면, 회중은 "목사님과도 함께!"라고 화답한 후, 집례자는 다시 "여러분은 마음을 드높여 하나님께 올리십시오"하면, 회중은 "우리의 마음을 하나님께 올립니다"로 응답함으로 주님을 향해 나아갑니다. 이 부분은 하나님에 대한 깊은 감사의 기도입니다. 보통 이 부분을 '대감사'(Great Thanksgiving)라고 합니다. 이 기도는 예수님의 죽으심과 부활의 구속의 은혜에 대한 감사로 그 절정에 이릅니다. 교회 전통에 따라 내용이 조금씩 다를 수도 있습니다.

감사의 기도는 거룩한 찬양인 삼성창(쌍투스 Sanctus)으로 이어집니다. 삼성창은 요한계시록에서 네 생물이 부른 찬미의 노래를 따른 것입니다. "거룩하십니다, 거룩하십니다, 거룩하십니다, 전능하신 분, 주 하나님! 전에도 계셨으며, 지금도 계시며, 또 장차 오실 분이십니다!"(계 4:8) 세 번에 걸쳐 '거룩하다'를 외치므로 '삼성창'이라고 합니다.

전통적으로는 삼성창에 이어서 또 다른 찬양(베데딕투스 퀴 베니트)을 부르는데 예수님께서 예루살렘에 입성하실 때 군중들이 외쳤던 호산나와 마태복음에 나오는 "주님의 이름으로 오시는 분은 복되시다!"(마 23:39)를 가사로 하는 찬양입니다. 우리의 예식에서는 회중이 부르는 삼성창에 이 모든 것이 함께 들어가 있습니다.

• 성찬 제정사, 선포

'성찬 제정사'는 예수님께서 제자들에게 빵과 잔을 주시며 하셨던 말씀을 다시 반복하는 순서입니다. 대개 "주님께서 자신의 몸을 내어주시던 날 밤에"라는 문구로 시작합니다. 천주교회에서는 실체변화(화체설)를 주장하여 빵과 잔의 모양은 그대로 있지만 실체가 그리스도의 몸과 피로 변화함을 주장합니다. 예수님이 제자들과 함께하신 유월절 만찬에서 "이것은 내 몸이니"(막 14:22, 마 26:25)라고 말씀하신 것은 빵과 잔이 곧 예수님의 실체의 몸과 피라고 하셨다는 해석입니다. 그러나 예수님이 실제로 사용하셨던 아람어를 문자로 직역하면 '이것은 - 내 몸'으로 되어 있어서 '-'를 해석하는 것은 쉬운 일이 아닙니다. 서로 밀접한 관련이 있는 것은 확실합니다.

중요한 것은 우리가 믿음으로 받으면 빵과 잔을 진정한 예수님의 몸과 피로 받을 수 있으며, 우리가 믿음으로 받는다면 빵과 잔이 그리스도의 몸으로 기계적으로 변화해야만 하는 것도 아니라는 것입니다. 우리가 믿음으로 받을 때, 성찬 가운데 부활의 주님이 임재하시며, 주님의 몸을 상징하고 드러내기도 하며, 주님의 몸을 의미할 수도 있으며, 빵과 잔에 주님이 함께 계심을 볼 수 있을 것입니다.

이 순서 후에는 회중이 함께 외치는 '선포'의 순서가 이어지는데 그리스도께서 죽으시고, 부활하시고, 다시 오심을 선포하는 것입니다. 우리는 이 선포를 찬양으로 부릅니다('죽으시고 부활하신 그리스도 다시 오신다!'). 이어서 '성령임재의 기원'을 합니다.

• 성령임재의 기원

집례자는 진설된 빵과 잔에 성령님이 함께 하시기를 기도합니다. 이 기도를 통하여 일상의 빵과 잔이 성찬을 위한 거룩한 예전의 의미를 지닌 빵과 잔이 되어, 우리가 그리스도의 몸과 피를 받는 은총을 얻게 됩니다.

• 주님의 기도

이어서 우리는 '주님의 기도'를 합니다. 주기도문은 하늘 아버지를 부름으로 시작합니다. 이를 통해 우리는 진정으로 하나님의 한 자녀이며, 그리스도 안에서 한 가족임을 고백합니다. 또한 일용할 양식을 주신 하나님께서 우리에게 생명의 만나를 주심과 성찬으로 먹여주심을 감사하며 고백하게 됩니다.

■ 이제는 세 번째 행위인 '빵을 뗌'의 순서로 이어집니다.

• 분병례

우리가 '분병례'라고 부르는 이 순서에서 집례자는 빵(전병, 밀떡)을 높이 들어 나누며, 이어 잔도 높이 듭니다. 우리는 드디어 주님의 몸과 피를 받는 자리에 왔습니다. 이때 집례자는 손가락 세 개를 앞으로 하여 잔을 잡고 들어올리기도 합니다. 이는 삼위 하나님의 거룩하심을 상징하는 행동입니다.

■ 이어서 네 번째 행위인 빵을 나누는 순서입니다.

• 성찬 분급, 감사 기도, 축복 기도

'성찬 분급'을 통해 우리는 성찬(거룩한 몸과 피인 빵과 잔, 영성체)을 받습니다. 심오하고 엄숙하고 신비스러운 감격의 시간입니다. 보좌 위원들은 빵과 잔을 분급해줍니다. 이때 '그리스도의 몸' 그리고 '그리스도의 피'라고 하면 '아멘'으로 믿음을 고백하고 받게 됩니다. 이때 손은 포개어서 손바닥을 위로 하여 조금 높이

들어 올린대로 내밀면 됩니다. 혹은 왼 손바닥을 오른 손바닥 위에 십자 모양으로 얹은 후에 받기도 합니다. 이것은 생명의 양식을 받기 위한 열망과 공경과 감사를 표현하는 것입니다.

이렇게 분급이 진행되는 동안 회중은 찬미가를 부릅니다. 우리 교회는 몇 가지의 '성찬 찬송'을 부릅니다. 전통적으로는 '아그누스 데이'라 불리는 "하나님의 어린양이시여, 세상의 죄를 사하시오니 저희에게 자비를 베푸소서. 평화를 주소서"를 부르기도 합니다.

세례를 받은 성도라면 누구나 성찬을 받을 수 있습니다. 세례를 받지 않은 경우에도 예수님을 향한 진실한 열망과 믿음을 가진 사람은 성찬을 받을 수 있습니다. 이런 경우라면 가능한 빠른 시일에 세례를 받도록 권면합니다. 하지만 세례를 받지 않은 사람의 수찬은 교회에서 정한 법을 따릅니다. 성찬을 받은 후에는 기도대가 준비되었을 경우 무릎 꿇고 기도를 할 수 있으며, 자리로 돌아가서 조용히 침묵하며 기도합니다. 주님의 깊은 은총과 평화를 누리는 시간입니다.

모든 성도의 수찬이 끝나면 찬송을 부르거나 감사의 기도를 함께 드리면서 성찬 예전이 마무리됩니다. 이제 우리는 그리스도의 증인이 되어 사랑과 섬김의 삶을 위해 세상으로 나아갈 준비가 된 것입니다.

성찬은 예배의 핵심 요소입니다. 성찬은 우리에게 주시는 생명의 양식이며, 그리스도의 은혜와 사랑을 기억하고, 진정한 사랑의 삶을 위한 힘을 얻는 거룩한 식사입니다. 우리의 몸은 밥의 힘으로 살듯이, 우리의 영은 그리스도의 몸인 성찬을 먹고 삽니다. 우리는 성찬으로 사는 백성입니다. 우리가 성찬의 의미와 뜻을 바로 알아 성찬의 신비를 경험하며 승리하는 삶이 되기를 축복합니다.

17

성찬의 의미 :

생명의 빵 언약의 잔

그러므로 여러분이 이 빵을 먹고 이 잔을 마실 때마다, 주님의 죽으심을 그가
오실 때까지 선포하는 것입니다. 그러므로 누구든지, 합당하지 않게 주님의
빵을 먹거나 주님의 잔을 마시는 사람은, 주님의 몸과 피를 범하는 죄를 짓는
것입니다. 그러니 각 사람은 자기를 살펴야 합니다. 그런 다음에 그 빵을 먹
고, 그 잔을 마셔야 합니다. 몸을 분별함이 없이 먹고 마시는 사람은, 자기에
게 내릴 심판을 먹고 마시는 것입니다.

(고전 11:27-29)

성찬을 받을 때마다 우리는 부활과 생명의 식탁에 초대해 주신 주님의
환대를 닮고, 넘치는 사랑으로 먹여주신 주님의 사랑을 닮고, 아픔을 만져
주시고 치유해주시는 주님의 평화의 손을 닮고, 부활의 능력으로 채워주신
소망의 주님을 닮은 작은 예수가 되어 세상에서 그렇게 환대와 사랑과 섬김
과 평화의 삶을 살아갑니다.

성찬의 의미

성찬예전은 기독교 예배의 중심에 있습니다. 오직 설교 중심의 예배에 익숙한 우리들에게 성찬은 예배에서 덜 중요하거나, 낯선 예전으로 느껴질 수도 있습니다. 그러나 이미 배운 바와 같이 기독교 예배는 말씀예전과 성찬예전이라는 두 개의 기둥으로 이루어져 있습니다. 예수님이 남겨주시고 행하라고 명하신 구체적인 예전이 있다면 그것은 성찬입니다. 예수님은 말씀을 가르치시고 선포하심으로 말씀의 주인이 되셨으며, 빵을 떼어주시고 잔을 나눠 주심으로 성찬의 주인이 되셨습니다. 성찬의 주인이신 예수님은 모든 성도들을 성찬의 자리에 초대하십니다. 성찬에 참여하는 성도의 태도에 대하여 사도 바울은 고린도전서에서 이렇게 말씀합니다. "그러므로 누구든지, 합당하지 않게 주님의 빵을 먹거나 주님의 잔을 마시는 사람은, 주님의 몸과 피를 범하는 죄를 짓는 것입니다. 그러니 각 사람은 자기를 살펴야 합니다. 그런 다음에 그 빵을 먹고, 그 잔을 마셔야 합니다. 몸을 분별함이 없이 먹고 마시는 사람은, 자기에게 내릴 심판을 먹고 마시는 것입니다."(고전 11:27-29) 주님의 몸을 먹고 피를 마시는 성찬은 매우 거룩하고 중요한 예전입니다. 그러므로 성찬에 참여하여 그리스도의 몸과 피를 받는 성도는 항상 자신을 살펴야 하며, 분별함으로 받아야 합니다. 바울은 만약 합당하지 않게 성찬을 받는다면 그것은 은혜가 아니라 오히려 죄를 짓는 일이 될 수 있다고 경고합니다. 당시 고린도교회는 성찬의 시행에 특별한 문제가 있었으며, 그 문제를 염두에 둔 말씀입니다. 그러나 이 말씀은 또한 성찬을 받는 모든 사람에게 주시는 가르침입니다.

우리가 성찬의 의미를 모두 안다는 것은 불가능합니다. 우리는 지금도 성찬을 새롭게 경험하며, 새로운 의미를 발견하는 놀라움이 있습니다. 그럼에도 불구하고 우리가 성찬에 대해서 꼭 알아야 할 것이 있습니다. 성찬의 중요한 의미를 알면 알수록 우리의 성찬은 풍부하고 은혜로운 경험이 될 것입니다.

성찬은 '성례'이다

성찬은 성례(전)입니다. 개신교회의 성례에는 두 가지가 있습니다. 그것은 세례와 성찬입니다. 개신교회에서 성례로 인정하는 세례와 성찬은 예수님께서 직접 말씀하시고 명령하신 것입니다. 예수님은 "너희는 가서, 모든 민족을 제자로 삼아서, 아버지와 아들과 성령의 이름으로 세례를 주고, 내가 너희에게 명령한 모든 것을 그들에게 가르쳐 지키게 하여라."(마 28:19-20)고 명령하셨습니다. 세례는 예수님이 직접 받으셨으며, 행하라고 명령하신 성례전입니다.

또한 예수님은 제자들과 함께 마지막 유월절 만찬을 나누실 때에 빵을 드시고 감사하신 후에 떼어서 제자들에게 주시면서 말씀하셨습니다. "이것은 너희를 위하여 주는 내 몸이다. 이것을 행하여 나를 기억하여라."(눅 22:19) 또한 잔에 대해서도 그와 같이 하여 이렇게 말씀하셨습니다. "잔은 너희를 위하여 흘리는 내 피로 세우는 새 언약이다."(눅 22:20) 이처럼 예수님은 주님을 기억하여 성찬을 행하라고 분명하게 말씀하셨습니다.

우리는 이렇게 세례와 성찬, 두 가지의 예전을 성례전으로 인정하고 받아들입니다. 우리는 이외의 것들은 복음의 성례전으로 인정하지 않습니다. 성례전(sacrament)이라는 말은 '특별하고 중요한 교회의 예전으로, 예수 그리스도께서 명령하시고(세우시고) 교회에 의해 행해지는 효용 있는 은혜의 표지'를 의미합니다. 그러므로 성찬이 성례전이라는 말은 곧 성찬은 예수님이 명령하신 것으로, 교회에 의해 행해지고 있으며, 하나님의 놀라운 은혜의 표지가 되는 매우 중요하고 특별한 예전임을 의미합니다.

그렇습니다. 성찬은 하나님의 은혜의 표지입니다. 성찬은 주님께서 주인이 되셔서 성도들을 초대하신 은혜의 표지이며, 은혜의 만찬입니다. 그러므로 성찬은 우리가 행하는 어떤 의식이기 전에, 하나님께서 믿는 자에게 베푸시는 은혜의 표징(sign)입니다. 그러나 성찬 자체가 어떤 마술적인 효능을 가지고 있는 것은 아닙니다. 단지 성찬을 더 많이 하거나, 더 많은 빵과 잔을 받는다고 하여 저절로 은혜가 쌓이는 것은 아닙니다. 성찬은 하나님께서 은혜의 주님으로 우리에게 다가오시는 통로일 뿐만 아니라, 주님께서 자신을 우리에게 주시는 놀라운 예전입니다. 성찬은 우리가 그리스도를 경험하고, 하나님의 임재를 경험하는 여러 가지 은혜의 방편 중에 특별히 중요한 것입니다. 우리는 성찬을 통해 자신을 주심으로 먹여주시며, 충만한 사랑으로 인도하여 주시는 은혜의 하나님을 경험하고 만나게 됩니다. 성찬에는 분명히 이와 같은 은혜의 효과가 있습니다.

성찬은 '감사'이다

성찬을 의미하는 용어 가운데 '유카리스트(eucharist)'라는 단어가 있는데, 그리스어에서 온 이 단어의 뜻은 '감사'입니다. 성찬을 진행하는 예문에는 '대감사'의 기도문이 들어 있습니다. 성찬은 하나님이 행하신 위대하신 창조와, 예수 그리스도를 통하여 이루신 십자가의 구속의 은혜와, 부활의 능력으로 영원한 생명의 기쁨을 부어주시는 하나님의 모든 역사에 대한 감사입니다. 성찬을 통해 우리는 하나님의 창조의 능력과 역사와 우주를 운행하시고 인도하시는 능력과, 그리스도를 통해 보여주시는 놀라운 소망의 은혜에 대해 감사합니다.

성찬은 필연적으로 세례와 연결되어 있습니다. 기독교 역사에서 세례는 성찬을 받기 위한 매우 중요한 조건이었습니다. 성찬은 구원받은 천국백성의 식탁입니다. 세례는 구원받은 백성의 표지이기에 성찬을 받기 위해서 세례는 언제나 필수 조건이었습니다. 기독교 역사를 통하여 세례를 받은 후 받는 첫 번 성찬은 가장 신비롭고, 깊고 높은 은혜의 자리였습니다. 어떻게 보면 구원받은 자의 표징으로 받은 세례는 성찬의 식탁에 참여할 특권을 부여받은 징표였던 셈입니다. 최근 감리교회의 교리와 장정에서는 세례를 받지 않은 사람의 성찬 참여에 대해 깊은 신학적인 논의도 없이 서로 상반되는 내용으로 개정을 하여 혼란을 주고 있습니다. 세례를 받지 않은 사람에게 성찬 참여를 허락하는 경우라면, 그것은 단순히 성찬을 받기 위한 조건을 완화시키기 위한 것이 아닙니다. 이것은 세례 받지 않은 사람에 대한 잠정적인 허락으로 예수님을 그리스도로 고백하고 속히 복음을 영접하기를 촉구하는 복음적인 관점에서 내린 결정입니다. 성찬은 하나님께서 사람들에게 베푸시는 한없는 은혜의 도구이기에, 하나님의 강력한 성찬의 은총을 통하여 그리스도를 향한 열정과 헌신과 구속의 은혜로 초대하기 위한 것입니다.

우리의 육체가 매일 음식을 섭취해야 살 수 있듯이, 우리의 영혼은 생명의 양식을 먹어야 삽니다. 우리에게 주시는 생명의 양식은 살아 있는 말씀과 그리스도의 몸과 피를 통해 주시는 성찬입니다. 우리는 성찬의 빵과 잔을 받을 때, 빵과 포도즙이 우리에게 주어지기까지 수고한 농부와 많은 사람들을 생각하며 주님께 감사합니다. 성찬은 온전한 감사 없이는 바르게 받을 수 없습니다. 우리가 기쁨으로 두 손을 내밀어 주님의 몸과 피를 받을 때마다 주님께 온전히 감사를 드림이 당연하고 기쁜 일입니다.

성찬은 '기억함'이다

우리는 성찬을 받을 때마다 반드시 십자가를 대면하게 됩니다. 십자가 없는 성찬은 없기 때문입니다. 성찬의 신비 앞에서 우리의 마음에는 십자가의 성호가 그어집니다. 예수님은 성찬을 행하도록 "이것을 행하여 나를 기념하라"(눅 22:19)고 말씀하셨습니다. 우리의 성찬은 그리스도를 기념하여 기억하는 예전입니다. 그리스도의 무엇을 기억합니까? 우리는 그리스도의 오심, 천국 복음의 사역을 하심, 십자가에서 죽으심, 그리고 부활하심을 기억합니다. 이렇게 우리는 이 땅에 남기신 예수 그리스도의 모든 복음의 삶을 기억합니다.

'기념한다'는 것은 '기억한다'는 의미인데 이것은 단지 과거의 사실을 추억하는 것과는 다릅니다. '기억한다(anamnesis)'는 것은 매우 역동적이며 현재적인 의미를 가지고 있습니다. 이것은 과거의 일이 단순히 역사적 사건으로 과거에 머무는 것이 아니라, 현재 새롭게 해석되고 살아 있는 사건으로 경험되는 것을 의미합니다. 그리고 이러한 기억은 지금의 삶에 구체적인 영향을 미칩니다. 그러므로 성찬을 받는 우리에게는 예수님의 고난과 십자가가 과거의 역사에 머물지 않고, 현재의 자신의 삶의 상황과 문제와 사건 속에서 능력의 십자가로 경험됩니다. 십자가를 통해 보여주신 사랑을 확신하며 그 놀라운 사랑과 은혜에 잠기게 됩니다. 또한 성찬을 통해 예수님의 부활의 역사가 과거의 일회적 사건에서 현재의 우리의 삶에 들어오시는 생명의 능력으로 새롭게 경험됩니다. 우리는 성찬을 통해 놀라운 하늘의 평화와 기쁨과 용기를 받아 능력의 삶을 향해 나아갑니다.

그러므로 성찬을 통해 우리는 예수 그리스도의 십자가 은혜와 부활의 신비를 누립니다. 성찬은 최후의 만찬이 아니라, 새로운 시작의 만찬입니다. 아직도 성찬을 단지 최후의 만찬으로만 생각하는 성도들이 많이 있습니다. 그래서 여전히 장례식 분위기의 성찬에 머물러 있습니다. 우리는 성찬이 부활과 생명의 성례전임을 알아야 합니다. 우리가 행하고 참여하는 성찬이 최후의 만찬으로 제한되어서는 안 됩니다. 부활의 기쁨과 생명의 환희와 은혜에 감사함이 넘치는 주님의 식탁이 되어야 합니다. 창세기의 아담과 하와가 선악과를 먹음으로써 하나님의 심판과 죽음의 결과를 가져왔다면, 예수 그리스도께서 자신을 생명의 떡으로 내어주심으로써 인류를 위한 영원한 생명의 양식이 되어주셨습니다. 선악과 나무에 달린 열매가 죽음을 가져왔다면, 십자가 나무에 달리신 예수님은 우리를 위한 생명의 열매가 되셨습니다. 그러므로 우리의 성찬은 감사와 함께 기쁨이 넘치는 생명의 예전입니다. 우리는 성찬의 이 놀라운 십자가의 은혜를 기억합니다.

성찬은 '성령님이 함께하심'이다

교회의 모든 삶에는 성령님의 활동이 있습니다. 성령님은 우리가 성찬을 행하는 모든 과정에서 처음부터 함께 일하십니다. 예수님은 말씀하셨습니다. "보혜사, 곧 아버지께서 내 이름으로 보내실 성령께서, 너희에게 모든 것을 가르쳐 주실 것이며, 또 내가 너희에게 말한 모든 것을 생각나게 하실 것이다."(요 14:26) 우리는 성령님의 활동을 통하여 그리스도를 기억하게 됩니다. 성찬에서 '기억'은 성령님의 역사로 가능하게 됩니다. 빵과 잔을 나누는 것이 우리의 일반적인 식사와 다른 것은 이 모든 것이 성령님의 능력을 통해서 이루어지기 때문입니다. 성령님은 성찬을 통하여 우리가 부활의 주님을 현재적으로 경험하도록 이끄십니다.

성찬예식 가운데 있는 '성령 임재를 위한 기도'는 바로 성찬에서 성령님의 활동과 능력을 신뢰하며 간구하는 우리의 기도이며 믿음의 표현입니다. 성령님은 빵과 포도주를 새로운 의미를 지닌 은혜의 표징으로 경험하도록 하십니다. 성령님께서 빵과 잔이 성도를 위한 그리스도의 몸이 되게 하시며, 참여하는 공동체 가운데 임하시어 세상을 향한 그리스도의 몸이 되도록 기도하는 것은 당연한 것입니다. 마침내 성령님은 모든 성도들로 하여금 그리스도와 한 몸을 이루고, 그리스도의 몸을 이루도록 역사하십니다. 진정한 교회가 성찬을 통해 새롭게 탄생합니다. 그러므로 성찬 예전에서는 '나'가 아니라, '우리, 저희, 여러분'과 같은 공동체적인 용어가 사용됩니다.

성찬은 '새로운 가족의 교제'이다

'식구'라는 단어는 곧 한 밥상에서 음식을 나누는 가족들을 말합니다. 성찬은 믿음의 공동체가 진정으로 예수님의 가족이며, 진정한 사랑과 믿음의 공동체임을 말해줍니다. 함께 먹지 않는다면 우리는 가족이라고 할 수는 없습니다. 우리는 그리스도 안에서 새로운 가족이 되었으며, 성찬은 새로운 믿음의 가족이 나누는 식사입니다.

그러므로 교회에 생명을 주는 예수 그리스도와의 거룩한 교제인 성찬은 그리스도의 몸인 교회 안에서 누리는 성도들의 온전한 교제의 식사입니다. 그리스도의 몸의 지체인 우리들이 하나의 빵과 잔을 나눌 때, 한 상에 둘러 모인 가족과 같이 하나님의 백성들의 진정한 하나 됨을 드러냅니다. 이처럼 성찬은 성도들이 예수님의 가족이 되어 나누는 거룩한 교제의 식사입니다. 우리는 빵을 뗌으로 그리스도를 알게 될 뿐만 아니라, 빵을 뗄 때 서로를 알게 됩니다.

성찬은 진정으로 하나 됨을 드러내는 가장 고귀한 예전이지만, 불행하게도 기독교 역사에서는 성찬이 분열의 상징이 되고 말았습니다. 그러므로 우리는 성찬을 통해 먼저 우리가 하나 되고, 다른 교회와 하나가 되고, 온 세상의 우주적 교회가 하나 됨을 선포할 수 있어야 합니다. 성찬은 세상에서는 경험할 수 없는 진정한 용서와 화해와 사랑의 식탁이 되어야 합니다.

또한 우리가 빵과 잔을 받을 때 우리 사이에 어떤 신분의 차이도, 직분의 차이도, 연령의 차이도, 성별의 차이도, 어떤 분리와 차별도 없습니다. 우리는 모두 하나님의 동일한 자녀입니다. 하나님의 생명 잔치상에 초대받은 우리는 똑같은 자녀의 자격으로 복된 성찬에 참여합니다. 세상에서의 차별과 불의는 성찬을 통하여 극복되며, 하나님의 식탁에 참여한 우리가 추구해야 할 관계와 살아야 할 삶의 모습이 무엇인지 분명하게 드러납니다. 우리가 성찬을 나눌 때 우리는 진정한 주님의 가족입니다. 성찬은 그리스도 안에서 우리를 한 가족으로 세워주십니다. 바울은 말씀합니다. "빵이 하나이므로, 우리가 여럿일지라도 한 몸입니다. 그것은 우리가 모두 그 한 덩이 빵을 함께 나누어 먹기 때문입니다."(고전 10:17) 성찬에서 우리가 한 가족이 되는 것, 이것이 성찬이 형성하는 참된 그리스도의 공동체인 교회의 모습입니다.

성찬은 '천국의 식사' 이다

성찬에서 나누는 빵과 잔은 하늘나라의 천국잔치를 미리 맛보고 그 나라를 믿음으로 바라며 기대하게 합니다. 우리는 성찬을 통하여 과거를 현재에 새롭게 경험하듯이, 미래를 현재에 경험하며 바라봅니다. 이것은 생일파티와도 같습니다. 출생에서 지금까지 살아온 과거의 삶과 앞으로 살아갈 미래의 삶이 현재의 순간을 가치 있고 의미 있는 시간으로 만드는 것과 같기 때문입니다.

초대교회 성도들이 마라나타(주 예수님 오시옵소서! 주 예수님 오셨다!)를 외치면서 예배하였듯이, 우리는 성찬을 받으며 오신 주님을 경험하고 오실 주님을 바라봅니다. 예수 그리스도님의 다시 오심과, 온전한 구원의 성취, 그리고 하나님 나라의 성취를 바라보는 믿음으로 우리는 현재의 성찬을 통해서 영원한 천국의 식사를 맛보는 은혜를 누립니다. 다윗이 노래하였듯이 우리는 성찬을 통하여 잔치의 주인이신 주님께서 "잔칫상을 차려 주시고, 머리에 기름 부으시어 귀한 손님으로 맞아 주시니, 내 잔이 넘칩니다."(시 23:5) 라는 승리와 기쁨의 노래를 부릅니다. 하나님의 구원의 역사라는 과거와 구원의 완성이라는 미래가 우리의 현재에서 만남으로써 성찬은 우리에게 믿음과 소망과 사랑의 잔치가 됩니다. 그러므로 바울은 말씀합니다. "여러분이 이 빵을 먹고 이 잔을 마실 때마다, 주님의 죽으심을 그가 오실 때까지 선포하는 것입니다."(고전 11:26) 성찬은 주님이 초대하신 천국의 잔치를 이 세상에서 누리며 맛보는 '천국 식사'입니다.

새로운 삶을 향하여

우리는 왜 성찬을 행할까요? 그것은 우리가 성찬을 통해 주님을 만나고 경험하기 때문입니다. 성찬은 주님의 명령이니 무슨 일이 있어도 억지로 해야 할 의식 이상의 예전입니다. 성찬은 우리가 예수님을 기억하며 새롭게 경험하는 가장 중요한 은혜의 수단입니다. 그러므로 성찬은 가끔 행하기 보다는 주일에 온 교우가 함께 모여서 예배를 드릴 때마다 주님이 초대하신 부활과 생명의 공동체로의 식사로 행하는 것이 좋습니다. 우리가 집에서 온 가족이 함께 모여 식사할 때에 하루의 삶의 이야기가 나누어지고, 돌봄과 사랑과 격려와 치유가 일어나듯이, 우리는 주님을 예배하며 성찬을 나눌 때 우리의 삶의 스토리가 드러나고, 예수님의 십자가와 부활의 생명 스토리로 우리가 새로워집니다. 성찬을 통하여 더 이상 문제와 고난을 자신의 방식이 아니라 예수님의 방식으로 풀어가게 되는 복된 은총을 경험합니다.

우리는 생명의 말씀과 생명의 성찬을 나누며, 영과 진리로 예배 드리는 성도로서 세상을 향해 나아갑니다. 우리의 몸은 밥의 힘으로 살듯이 우리의 영은 거룩한 양식인 성찬을 먹음으로 삽니다. 성찬을 받을 때마다 우리는 부활과 생명의 식탁에 초대해 주신 주님의 환대를 닮고, 넘치는 사랑으로 먹여주신 주님의 사랑을 닮고, 아픔을 만져주시고 치유해주시는 주님의 평화의 손을 닮고, 부활의 능력으로 채워주신 소망의 주님을 닮은 작은 예수가 되어 세상에서 그렇게 환대와 사랑과 섬김과 평화의 삶을 살아갑니다.

우리가 받은 그리스도의 몸과 피는 곧 우리의 존재를 결정합니다. 우리의 육체의 건강은 먹는 것이 결정하듯이, 우리가 그리스도의 몸과 피를 먹은 존재라는 것은 우리가 그리스도의 몸과 피를 은혜로 받아먹은 값을 하며 살아야 함을 의미합니다. 먹은 것이 존재를 결정합니다. 성찬을 받은 우리가 어떤 존재가 되어야 하는지는 분명합니다.

성찬을 받은 우리는 불의한 세상에서 정의로운 삶을 살며, 차별하는 세상에서 참된 평등과 관용의 삶을 살며, 탐욕의 세상에서 주님의 은총으로 넉넉한 감사의 삶을 살며, 미움과 복수의 세상에서 사랑과 용서의 삶을 살며, 경쟁과 투쟁의 세상에서 평화와 겸손의 삶을 살며, 높은 담을 허물어 진정으로 하나 되는 삶을 사는 참된 하늘 백성으로 당당하게 살아갑니다. 이것이 성찬을 통해 새롭게 만들어지고 형성되는 우리의 모습입니다. 우리는 왕의 식탁에 앉은 왕의 자녀입니다. 우리는 세상의 빛과 소금이 되어 왕의 영광을 드러내도록 부르심을 받았습니다. 기억하십시오. 우리는 성찬의 백성입니다.

18

교회력 ∶
그리스도 중심의 신앙과 시간

"당신들은 아빕월을 지켜 주 당신들의 하나님께 유월절 제사를 드려야 합니다. 이는 아빕월 어느 날 밤에, 주 당신들의 하나님이 당신들을 이집트에서 건져 내셨기 때문입니다. 당신들은 주님께서 자기의 이름을 두려고 택하신 그곳에서 양과 소를 잡아, 주 당신들의 하나님께 유월절 제물로 바쳐야 합니다. 모든 남자는 한 해에 세 번, 무교절과 칠칠절과 초막절에, 주 당신들의 하나님이 택하신 곳으로 가서 주님을 뵈어야 합니다. 그러나 빈 손으로 주님을 뵈러 가서는 안 됩니다. 저마다 주 당신들의 하나님으로부터 받은 복에 따라서 그 힘대로 예물을 가지고 나아가야 합니다."

(신명기 16:1-2, 16-17)

　　예배는 현재에 과거와 미래를 함께 경험하는 시간이며 사건입니다. 기독교 신앙에서 시간의 중심성이 가장 잘 드러나는 것이 바로 예배입니다. 교회력은 이 놀라운 그리스도인의 삶의 신비를 경험하게 하는 은혜의 도구가 됩니다. 이러한 경험은 우리가 어떻게 무엇을 위해 살아야 하는지 가르쳐줍니다. 교회력은 예수 그리스도의 탄생, 사역, 수난, 죽으심, 부활, 성령의 역사와 그리스도의 재림으로 이루어질 구원의 완성을 매 해 새롭게 기억하고 맛보는 교회의 시간이해와 해석의 방식입니다.

구약의 제사는 기독교 예배에 매우 중요한 영향을 주었습니다. 기독교 예배의 구약적인 뿌리는 크게 네 가지입니다. 그것은 시내산 사건, 성전예배, 회당, 절기들입니다. 시내산 사건은 하나님의 임재하심 앞으로 부르시고 말씀을 선포하시는 기본 구조를 보여줍니다. 성전은 하나님의 임재하심, 거룩한 공간과 제사 의식, 그리고 성직에 관한 것을 보여줍니다. 회당은 말씀과 기도라는 예배의 핵심적인 요소를 보여줍니다. 절기는 시간에 대한 신앙적인 이해와 의식을 보여줍니다. 이스라엘 백성들은 유월절, 오순절(칠칠절), 장막절의 3대 절기를 중요하게 지켰습니다(신 16:16).

유월절은 출애굽의 놀라운 역사를 기념하는 절기인데 우리에게는 특별히 예수님께서 유월절 만찬을 통해 성찬을 제정하셨다는 점에서 매우 중요합니다. 또한 출애굽을 통해 이스라엘이라는 새로운 백성으로 탄생되었듯이, 유월절 어린양이신 예수 그리스도께서 십자가에서 화목 제물이 되심과 십자가의 죽으심과 부활을 통해 우리는 새로운 피조물이 되어 그리스도의 복된 백성으로 세워졌습니다. 이후 첫 번 추수가 끝남을 감사하며 하나님의 인자하심을 감사하는 오순절이 있었으며, 또한 이스라엘의 조상들이 출애굽 후에 하나님의 인도하심과 보호하심 가운데 광야 생활을 하였던 것을 기억하면서 장막절을 지켰습니다.

시간과 신앙

그리스도인은 시간에 대해 새롭게 이해하고 확신하며 살아갑니다. 하나님은 우주 만물의 창조자이시면서 시간의 창조주이십니다. 시간은 하나님께 속해 있으며 하나님은 시간의 알파와 오메가가 되십니다. 또한 영원하신 하나님은 시간 속에 오셔서 일하시는 분이시며, 시간은 하나님의 주된 활동 영역입니다. 성경은 시간의 구체적인 때를 기록하고 있으며 하나님께서 역사 속에서 구체적으로 일하신 내용을 증거합니다.

이스라엘 백성들의 시간은 유월절로 시작된 출애굽이 그 중심에 놓여 있습니다. 반면에 기독교의 시간의 중심에는 우리의 주님이신 예수 그리스도께서 계십니다. 하나님이 사람이 되어 이 땅에 오신 성육신 사건은 하나님이 인간의 역사와 시간 속으로 구체적으로 들어오신 놀라운 사건입니다. 하나님은 사람에게 자신을 보이실 때에 구체적인 시간과 공간을 통하여 보여주셨습니다. 시간은 하나님이 일하시는 자리이며, 하나님의 계속적인 창조와 구속의 역사가 일어나는 하나님의 활동영역입니다. 그러므로 우리에게 시간은 매우 중요합니다.

초대교회 성도들은 시간 속에서 어떻게 하나님의 역사와 임재하심과 인도하심을 기뻐하고 감사하고 기대해야 할지를 알았습니다. 그들은 예수 그리스도의 부활을 중심으로 믿음과 삶의 주기를 형성하였으며, 이러한 주기 속에서 중요한 절기들을 발전시켰습니다. 이렇게 발전된 교회의 달력을 교회력이라고 합니다. 교회력은 그리스도인들이 신앙을 유지하고 성숙시키기 위한 매우 중요한 도구입니다. 그리스도인들은 항상 "우리에게 우리의 날 계수함을 가르쳐 주셔서 지혜의 마음을 얻게 해 주십시오"(시 90:12)라는 믿음으로 시간을 엮어갔습니다.

예배에 대한 새로운 발견과 예배 갱신 운동으로 이제는 우리의 삶과 예배에서 대림절기(강림절기), 성탄절, 사순절기, 부활절, 성령강림절(오순절)과 같은 절기가 중요하게 지켜지고 있습니다. 우리는 이러한 절기를 통하여 예수 그리스도 중심의 시간을 경험하고, 예수 그리스도를 통하여 역사하신 하나님의 놀라운 구원의 은혜와 인도하심을 경험하게 됩니다.

기억함과 미리 봄

우리는 교회력을 통하여 매우 중요한 두 가지를 경험하게 됩니다. 그것은 기억함과 미리 맛봄입니다.

1) 기억함

부활하신 예수 그리스도의 사역은 과거로 끝난 것이 아니라, 오늘 이 자리에서도 계속되고 있습니다. 우리는 교회력을 통하여 과거의 일을 현재에 새롭게 경험합니다. 과거를 현재로 가져와서 경험하는 것입니다. 이와 같은 경험은 교회력에 따른 우리의 예배와 삶 속에서 잘 나타납니다. 우리의 예배가 성탄절, 부활절, 오순절과 같은 절기를 지키며 교회력이라는 시간의 구조를 의미 있게 따르는 것은 매우 중요합니다. 우리는 교회력의 구조와 흐름 속에서 예수 그리스도의 탄생과 십자가의 죽음과 부활은 물론, 믿음의 선조들이 경험한 역사 곧 하나님의 영광과 기적의 능력을 지금 이곳에서 새롭게 기억하고 경험하기 때문입니다. 일 년 마다 교회력은 반복되지만, 이것은 단순한 반복이 아닙니다. 언제나 새롭게 경험되는 놀라운 은혜입니다. 과거를 현재에 새롭게 경험하는 것이 교회력의 힘입니다.

2) 미리 봄

교회력을 따르는 것은 과거를 현재에 경험하는 것으로 끝나지 않습니다. 거꾸로 '미래적인 것을 현재에 의미 있게 경험하는 것'이기도 합니다. 이것은 하나님의 미래를 우리의 현재의 자리에서 경험하는 것입니다. 우리는 현재의 자리에서 과거를 보고 있을 뿐만 아니라, 동시에 미래를 맛봅니다. 이것이야말로 성령님의 역사로 교회력을 통해 우리에게 주시는 하나님의 은총입니다. 예수 그리스도의 부활은 우리에게 최후의 승리라는 미래 사건을 현재에 경험하게 합니다. 하나님께서 계획하신 은총의 미래가 아직 우리 가운데 온전히 성취되지는 않았지만, 우리는 현재라는 자리에서 미래의 통치와 온전한 성취를 경험합니다. 이것이 살아 있는 그리스도인의 삶이며, 참된 예배입니다. 이와 같은 경험은 성찬을 통해서도 일어납니다. 성찬은 그리스도의 죽으심과 부활이라는 과거를 현재에 새롭게 경험하면서, 동시에 하늘나라의 승리와 잔치를 미리 맛보는 것이기 때문입니다.

예배는 현재에 과거와 미래를 함께 경험하는 시간이며 사건입니다. 기독교 신앙에서 시간의 중심성이 가장 잘 드러나는 것이 바로 예배입니다. 교회력은 이 놀라운 그리스도인의 삶의 신비를 경험하게 하는 은혜의 도구가 됩니다. 이러한 경험은 우리가 어떻게 무엇을 위해 살아야 하는지 가르쳐줍니다. 결국 교회력은 예수 그리스도의 탄생, 사역, 수난, 죽으심, 부활, 성령의 역사와 그리스도의 재림으로 이루어질 구원의 완성을 매 해 새롭게 기억하고 맛보는 교회의 시간이해와 해석의 방식입니다.

교회력의 발전

초기 그리스도인들에게 가장 중요했던 것은 예수 그리스도의 부활하심에 대한 믿음, 그들의 삶과 교회에서 경험하는 성령님의 역사에 대한 믿음, 그리고 예수님의 재림에 대한 믿음이었습니다. 이러한 믿음은 초대교회가 시간을 지킨 방식에서 잘 드러납니다. 초대교회는 교회력에서 가장 중요한 두 가지 주기(cycle)를 형성하였습니다. 하나는 주님의 날 곧 주일을 중심으로 한 '주간 주기'이고, 다른 하나는 부활절을 중심으로 한 '연중 주기'입니다. 이 두 가지의 주기가 시간 사용에 있어서 교회력의 뼈대를 이루었습니다. 물론 후에는 매일 주기(daily cycle)도 생겨났습니다.

- **주일을 중심으로 한 주간 주기**
  (The Weekly Cycle)

초대교회는 처음부터 주일을 중심으로 예배를 드렸습니다. 그들은 '주님의 날'에 모여 예배를 드림으로 예수 그리스도의 죽으심과 부활과 다시 오심을 선포하고 기대하였습니다. 신약성경에 나타나는 예배를 위한 구체적인 날은 곧 "매 주일 첫날" 혹은 "안식 후 첫날"이었습니다(고전 16:2, 행 20:7, 계 1:10). 이미 1세기에 한 주간의 첫날이라는 용어가 사용되고 있었으며, 성도들은 주일을 중심으로 정기적으로 모여 예배를 드렸습니다.

90년경에 쓰인 「열두 사도들의 가르침」(디다케)은 기독교인들에게 "주의 날에 함께 모여 떡을 떼며 성만찬을 가질 것"을 말하고 있습니다. 주후 115년에 기록된 「마그네시아(Magnesia)의 성도들에게 보낸 편지」에는 "유대인의 안식일을 지키지 않고 예수와 그의 죽음 때문에 우리의 삶과 또한 모든 이의 삶이 빛난 주일을 지켜 사는 사람들"에 대한 언급이 있습니다. 비두니아(Bithynia)의 로마 총독이었던 플리니(Pliny)가 로마 황제 트라얀에게 보낸 편지에는 "비시디아의 기독교 공동체는 일주일에 두 번 모입니다. 아침 일찍 말씀과 예전과 세례를 위하여 그리고 저녁에 식사를 위하여 모입니다."라고 기록되어 있습니다. 2세기에도 주일이 주간의 첫날이라는 기록은 계속해서 나타납니다. 이 날에 성도들은 정기적으로 모여 예배를 드렸습니다. 155년경의 순교자 저스틴(Justin)은 「변증문」에서 이교도들을 향하여 "우리는 공동예배를 주일마다 드린다. 왜냐하면 주일이 일주일의 첫날이기 때문이며, 이 날은 하나님이 어둠을 바꾸시고 우주를 만드셨으며, 우리 구주 예수 그리스도께서 죽음에서 살아난 것도 같은 날이다."라고 말하였습니다. 이 후에 초대 교회 성도들은 죽음에서 부활하신 그리스도를 떠오른 태양에 비교하였고, 「바나바의 서신」에서는 이 날을 "제 8일 곧 다른 세계의 시작이며, 예수가 죽음에서 살아나신 날"이라고 불렀습니다. 그러므로 주일은 단순한 일요일(Sunday - 태양의 날, 빛의 날)에서 더 나아가 그리스도의 부활의 날로 기념하고 있음을 보여줍니다.

이처럼 '주간의 첫 날'인 일요일이 초대교회 성도들에게 가장 중요한 날이 된 이유는 그들의 부활신앙 때문입니다. 그들에게 주일은 부활을 기념하는 날이었습니다. 그러므로 그들에게 주일은 '작은 부활절'(little Easter)이었습니다. 그래서 초대교회 교부 터툴리안은 기독교인은 주일 곧 '주님께서 부활하신 날'에는 무릎을 꿇으면 안된다고 하였으며, 지금도 모든 예배를 서서 드리는 교회도 있습니다. 주일은 기쁨의 날이요 승리의 날이기 때문입니다. 사순절기가 시작되어도 주일은 사순절기 기간 안에 포함되지 않기에 사순절기가 전체로는 46일의 기간이 되는 것도 바로 이 때문입니다. 이렇게 주일은 그리스도인들의 신앙 달력인 교회력의 시작이며 기초가 되었습니다.

• 부활절과 성탄절을 중심으로 한 연 주기 (Annual Cycle)

시간이 흐르면서 그리스도인들은 매 주일뿐만 아니라 일 년을 예수님의 부활을 기념하고 증거하는 단위로 생각하게 됩니다. 일 년을 주기로 계절이 반복되는 것이 자연적인 법칙이듯이, 신앙적으로도 일 년을 주기로 하는 이해가 발전한 것입니다. 그러면 무엇을 중심으로 일 년의 교회력이 만들어졌을까요? 그것은 부활절과 성탄절입니다. 부활이 없는 기독교 신앙은 생각할 수 없었습니다. 교회가 초기부터 그리스도의 부활을 기념하고 축하하기위해 모인 날이 지금의 '주일'이었다는 사실을 기억한다면, 기독교절기 가운데 부활절보다 더 중요한 날이 없었다는 것은 당연합니다. 결국 그리스도인에게 일 년의 중심은 부활절이었습니다. 부활절을 유대인의 유월절을 의미하는 파스카라고 부른 것은 고대유대인의 출애굽 사건이 예수 그리스도에 의해 새롭게 완성되어, 그리스도의 십자가를 통해 새로운 생명을 얻은 것을 나타냅니다. 그러므로 매 주일이 작은 부활절이라면, 부활절은 일 년 중에서가장 큰 부활절인 셈입니다.

처음 3세기 동안에 초대교회는 그리스도의 수난, 죽으심, 부활하심을 부활절에 함께 기념하였으며, 특히 2-3세기에 교회는이 부활절 기간 동안에 금식과 훈련을 마친 후 부활절 새벽 세례와 첫 성만찬을 통해 새로운 그리스도인의 탄생을 경축하였습니다. 주후 325년에는 니케아 종교회의에서 부활절은 주일에만 경축하도록 정하였고(유대인의 유월절은 요일이 정해져 있지 않음), 춘분(3월 20일) 이후 첫 만월이 지난 후 첫 번째 주일로 정했습니다. 보름이 주일이면 그 다음 주일로 합니다. 그래서 부활절은 연중 날짜가 정해져 있지 않고 매해 3월 22일에서 4월 25일 사이에 오게 되었습니다.

시간이 흐르면서 부활절 이전 기간 중 주일을 제외한 40일 간을 사순절기로 지킴으로 부활절 준비기간이 되었고, 부활절 후 7주간 곧 50일을 부활의 절기로 지키면서 부활절기가 되었습니다. 유대인이 유월절 후 50일에 오순절을 지켰듯이, 기독교는 부활절 후 50일이 되는 주일에 오순절 곧 성령강림절로 지킵니다.

부활절 보다는 늦게 4세기경에 예수님의 탄생을 경축하는 절기가 시작되었습니다. 예수 그리스도의 탄생 역시 기독교에서 매우 중요한 의미를 가지고 있는데, 예수님의 탄생으로부터 복음사역이 시작되었기 때문입니다. 그래서 성탄절을 지키는 것이 중요해졌습니다. 우리는 성탄절을 12월 25일에 지키지만, 이 날이 예수님의 탄생일이라는 기록은 없습니다. 12월 25일이 예수님의 탄생일로 정해진 중요한 근거로는 두 가지가 있는데, 예수님의 죽으심과 마리아 수태일이 같다는 유대 전통에 근거하였다는 설과 로마 제국의 태양절이 성탄절 날짜의 기원이라는 설이 있습니다. 이렇게 성탄절을 지키면서 성탄절을 준비하는 기간인 성탄절 전 4주간의 대림절기가 생겨났고, 결국 4세기 말에는 지금 우리가 지키는 교회 달력의 틀이 완성되었습니다.

이렇게 해서 교회는 일반 달력과는 다르게 부활절과 성탄절이라는 두 축을 중심으로 한 교회력을 형성했습니다. 교회의 절기를 정리하면 다음과 같습니다.

대림절기(강림절기): 교회력의 시작으로 오신 주님(탄생)과 다시 오실 주님을 바라보며 소망가운데 그분을 경험하는 절기입니다.

성탄절(12월 25일): 인류를 구원하러 오신 그리스도의 탄생의 절기입니다.

주현절(1월 6일): 인간의 몸으로 오신 그리스도의 나타나심을 경배합니다.

재의수요일: 사순절기가 시작되는 날인데, 참회와 경건의 훈련을 통하여 그리스도의 십자가의 길을 묵상하고 영적으로 훈련하는 기간입니다.

세족목요일: 그리스도의 최후의 만찬과 세족의 가르침에 참여합니다.

성금요일: 십자가의 고난과 죽음의 무덤을 경험합니다.

부활절: 죽음을 이기시고 생명의 문을 여신 승리의 주님을
예배합니다.

성령강림절(오순절): 성령님의 임재하심과 삶 속에 함께하
심을 경험합니다. 부활절기의 정점입니다.

이처럼 교회력을 통해 우리는 예수 그리스도의 탄생, 사역, 죽
음, 부활, 그리고 재림 안에서 완성된 구원의 역사를 매년 반복
합니다.

교회력과 예전 색깔

우리는 교회의 절기에 따른 상징적인 색깔을 사용하여 시각적
으로 그 의미를 더욱 깊이 되새깁니다. 흰색과 황금색은 주님의
사역에 초점을 맞춘 위대한 기쁨의 절기에 사용됩니다. 흰색은

기쁨과 신성을 상징합니다.

빨간색은 성령 강림 절기와 고난주일에 사용되는데, 성령강림주일에는 성령의 불길을 상징하고, 고난주일에는 예수님의 보혈을 상징합니다. 순교자의 삶을 기념할 때에도 사용됩니다.

보라색은 회개와 준비의 의미로 사용됩니다. 따라서 사순절기와 대림절기에 사용됩니다. 보라색은 사순절기에는 청결과 영적인 씻음을 의미하고, 대림절기는 오시는 왕의 위엄을 의미합니다. 최근에는 파랑색이 대림절기에 사용되기도 하는데 이는 오시는 왕에 대한 소망과 기대를 의미합니다.

녹색은 주로 일반주기 기간에 사용됩니다. 이는 영적인 성장과 희망과 성결, 생명을 나타냅니다. 주현절후 2주부터 사순절기 전까지, 그리고 성령강림절기 이후 대림절기 전까지 사용됩니다.

이런 절기의 색깔은 예배 시에, 세례와 성찬, 결혼 등의 모든 상황에도 사용됩니다. 단지 장례식에서는 절기의 때와 상관없이 흰색이나 검정색이 주로 사용됩니다. 또한 빨간색은 안수식, 위임식, 헌당식, 창립기념일 등에 사용되기도 합니다.

이처럼 절기에 따른 예전의 색깔은 절기와 관련하여 예배하는 우리들이 시각적으로 절기적인 의미를 배우고 생각할 수 있도록 도와줍니다. 예배에서 다양한 색깔의 사용은 마음과 감정에도 영향을 줄 수 있으며, 예배에서 무엇이 중요한지를 쉽게 깨닫도록 도와주기도 합니다.

사랑하는 성도 여러분, 그리스도 중심의 삶을 통해 우리는 그리스도를 더욱 닮게 됩니다. 그리스도 중심의 예배가 될 때 우리의 예배는 참된 예배가 됩니다. 우리에게 주신 시간을 예수 그리스도 중심으로 보는 눈을 가지고, 믿음으로 이해하고 받아들이며, 예배와 삶 속에서 우리의 삶이 하나님의 은총 속에 그리스도 중심으로 살아가는 것이 얼마나 복되고 놀라운 일입니까? 그리스도를 따르는 우리는 사나 죽으나 주님의 것이며, 주님의 시간에 따라 거룩한 길을 걷는 순례자입니다.

19

목마른 사슴처럼

하나님, 사슴이 시냇물 바닥에서 물을 찾아 헐떡이듯이, 내 영혼이 주님을 찾아 헐떡입니다. 내 영혼이 하나님, 곧 살아계신 하나님을 갈망하니, 내가 언제 하나님께로 나아가 그 얼굴을 뵈올 수 있을까?

(시편 42:1-2)

예배자가 준비해야 할 가장 중요한 예배 태도는 하나님의 임재하심을 기대하는 것입니다. 예배는 결코 성도가 자신만의 느낌과 감흥에 빠져서 혼자 즐기고 누리는 오락이 아닙니다. 우리의 예배가 참된 예배가 되는 것은 하나님이 임재하시기 때문입니다. 하나님이 예배의 시간과 자리에 영광의 주님으로 임하시기 때문에 우리의 예배는 진정한 예배가 됩니다. 하나님은 예배를 통하여 자신을 계시하십니다. 하나님의 계시는 찬양 가운데, 기도 가운데, 말씀을 통하여, 영적인 충만함으로 드러납니다.

지금 우리가 예배드리는 이곳에는 몇 개의 카메라가 있습니다. 설교자를 찍는 것, 앞에서 회중을 찍는 것, 옆에서 예배를 돕기 위해 사용하는 것입니다. 그런데 만일 우리가 하나님을 예배하는 모습을 가까이서 찍은 후에 집에 가서 그 모습을 다시 살펴본다면 어떨까요? 우리가 예배를 드리는 모습은 열정과 기대와 흥분과 감동과 감사와 헌신이 넘치는 모습일까요? 아니면 전혀 다른 모습일까요? 불과 한 시간 남짓한 예배 시간을 따분해하나요? 딴 생각에 빠져 멍하게 앉아 있나요? 지루함을 이기지 못해 스마트폰을 들여다보고 있나요? 예배 시간에는 아무런 일도 일어나지 않는다는 생각으로 기대감이 전혀 없는 모습인가요? 우리의 예배는 자발적이며, 적극적이며, 감사와 기쁨이 넘쳐나고 있나요? 오늘 예배자의 자리에 나올 때 어떤 마음으로 오셨습니까? 하나님을 향한 기대가 있습니까? 하나님을 향한 갈망이 있습니까?

하나님을 예배하고자 하는 영적인 굶주림이 있습니까? 하나님을 예배함에 간절함과 사모함이 있습니까?

우리의 예배가 생명력이 넘치는 참된 예배가 되기 위해서는 예배를 드리는 우리의 마음의 태도가 매우 중요합니다. 예배를 위한 우리의 마음에 따라 예배의 모습은 달라집니다. 예배를 드리는 성도에게는 예배 태도가 매우 중요합니다. 예배는 하나님의 사랑과 은혜의 부르심에 믿음으로 반응하는 성도들의 응답입니다. 예배의 대상은 하나님이시며, 예배의 초점도 하나님이십니다. 그렇다면 우리의 예배 태도는 곧 하나님에 대한 우리의 믿음에 의해 결정됩니다. 우리가 하나님을 어떤 분으로 믿고 생각하느냐에 따라 예배의 태도는 달라집니다. 하나님과의 관계가 우리의 예배를 결정합니다. 마치 학생들이 어느 선생님을 좋아하면 그 선생님이 가르치는 과목을 잘하고 열심히 하여 점수도 좋아지는 것과 같습니다. 예배의 태도는 곧 하나님에 대한 우리의 준비된 마음과 믿음에 달려 있습니다.

참된 예배 태도는 하나님을 향한 온전한 신뢰에서 옵니다. 하나님을 신뢰함 없이 살아 있는 예배를 드릴 수는 없습니다. "믿음이 없이는 하나님을 기쁘게 해드릴 수 없습니다. 하나님께 나아가는 사람은, 하나님이 계시다는 것과, 하나님은 자기를 찾

는 사람들에게 상을 주시는 분이시라는 것을 믿어야 합니다."(히
11:6) 하나님께 나아가는 사람은 하나님을 신뢰해야 합니다. 하
나님에 대한 신뢰는 예배의 태도를 결정하는 요소입니다. 하나님
을 향한 사랑은 신뢰의 결과이며, 신뢰는 사랑의 결과입니다. 하
나님을 사랑하지 않으면서 하나님을 바르게 예배하는 것은 불가
능합니다. 하나님을 신뢰함 없는 예배는 참된 예배일 수가 없습
니다. 우리는 하나님이 찾으시는 참된 예배자가 되기 위해 어떤
태도와 마음의 준비를 해야 할까요?

하나님의 임재를 기대함

예배자가 준비해야 할 가장 중요한 예배 태도는 하나님의 임
재하심을 기대하는 것입니다. 예배는 결코 성도가 자신만의 느낌
과 감흥에 빠져서 혼자 즐기고 누리는 오락이 아닙니다. 우리의
예배가 참된 예배가 되는 것은 하나님이 임재하시기 때문입니다.
하나님이 예배의 시간과 자리에 영광의 주님으로 임하시기 때문
에 우리의 예배는 진정한 예배가 됩니다. 하나님은 예배를 통하

여 하나님 자신을 계시하십니다. 하나님의 계시는 찬양 가운데, 기도 가운데, 말씀을 통하여, 영적인 충만함으로 드러납니다.

하나님에 대한 믿음과 기대감이 없다면 우리의 예배는 죽은 의식이 되고 맙니다. 기대하는 것이 없는 곳에는 아무 일도 일어나지 않습니다. 반면에 기대하는 마음에는 놀라운 일이 일어납니다. 우리의 예배는 기대감으로 넘쳐야 합니다. 우리가 그리스도의 몸으로 모여 드리는 예배에 왕이신 하나님의 임재하심에 대한 기대가 없다면 우리는 다른 무엇도 기대할 것이 없는 절망적인 존재가 되고 말 것입니다.

사랑하는 성도들이여 주님을 예배하는 마음이 기대감으로 넘치게 하십시오. 기대감을 불어 넣으십시오. 말씀의 약속을 붙잡으십시오. 예배 가운데 뵈올 하나님을 기대하십시오. 말씀을 기대하십시오. 사랑을 기대하십시오. 감동을 기대하십시오. 기대감으로 충만한 마음으로 준비될 때에 우리는 예배자의 감동과 기쁨을 누릴 것입니다.

예배의 왕이었던 다윗은 이렇게 노래했습니다. "주님, 내가 기다린 분은 오직 주님이십니다. 나의 주, 나의 하나님, 나에게 친히 대답하여 주실 분도 오직 주님이십니다."(시 38:15) 이 시편에는 '기념예배에서 낭독하는 다윗의 시'라는 부제가 달려 있습니다.

다윗은 예배 중에 오직 하나님을 기대하며 기다렸습니다. 하나님의 임재하심과 응답하심을 신뢰했습니다.

미가 선지자는 암울한 사회와 절망적인 세대를 보면서 이렇게 외쳤습니다. "그러나 나는 희망을 가지고 주님을 바라본다. 나를 구원하실 하나님을 기다린다. 내 하나님께서 내 간구를 들으신다."(미 7:7) 미가는 간절하게 하나님을 기다렸습니다. 거룩하신 하나님의 임재 앞에서 소명을 받았던 이사야 선지자는 이렇게 외쳤습니다. "그러나 주님께서는 너희에게 은혜를 베푸시려고 기다리시며, 너희를 불쌍히 여기시려고 일어나신다. 참으로 주님께서는 공의의 하나님이시다. 주님을 기다리는 모든 사람은 복되다."(사 38:18)

하나님을 향한 기대감을 가지고 있다면, 우리는 하나님을 기다리며, 예배를 기다릴 것입니다. 기대와 기다림은 친구입니다. 기다림은 기대감의 표현입니다. 주님의 사람들은 한결같이 하나님을 기다렸습니다. 주님의 임재하심을 기다렸습니다. 은혜를 베푸시는 하나님을 신뢰하였기에, 크고 놀라우신 하나님을 기다렸습니다. 그렇게 기다리는 마음은 하나님에 대한 기대로 충만하였고, 참된 예배는 이 기대감 속에서 경험됩니다.

이렇게 하나님을 기대하는 사람의 한 주간의 삶에는 주님을 예배함을 기다리는 열정이 넘쳐날 것입니다. 한 주간의 삶은 하나님이 임재하시는 예배에 대한 설렘과 기대로 충만할 것입니다. 우리의 신앙이 살아 있다면, 우리의 믿음이 역사하는 믿음이라면, 우리는 필연적으로 하나님에 대한 기대감으로 넘칠 수밖에 없습니다. 하나님의 임재하심을 진정으로 기대하고 계십니까? 그래서 뜨거운 마음으로 예배를 기다리십니까? 한 주간 내내 주님을 예배하는 주님의 날을 기다리십니까? 그 기다림 때문에 마음이 설레십니까?

하나님을 간절하게 찾으면 하나님을 만납니다. 하나님을 신뢰함으로 기대하고 기다리면 만납니다. "나는, 나를 사랑하는 사람을 사랑하며, 나를 간절히 찾는 사람을 만나 준다."(잠언 8:17) 기대감이 없는 곳에는 아무 일도 일어나지 않습니다. 언제나 예배 가운데 하나님의 임재하심을 기대하며 신뢰하며 기다리는 마음으로 충만하기를 축복합니다.

간절한 영적 갈망

하나님을 기대하고 기다리는 사람의 심령 깊은 곳에는 강력한 영적인 갈망이 있습니다. 하나님을 뵙고 싶은 갈망이 있습니다. 하나님을 만나야만 채워질 수 있는 텅 빈 곳이 있습니다. 시편 42편은 이 갈망을 이렇게 노래합니다. "하나님, 사슴이 시냇물 바닥에서 물을 찾아 헐떡이듯이, 내 영혼이 주님을 찾아 헐떡입니다. 내 영혼이 하나님, 곧 살아계신 하나님을 갈망하니, 내가 언제 하나님께로 나아가 그 얼굴을 뵈올 수 있을까?"(시 42:1-2) 이와 같은 영적인 갈망은 곧 영적인 배고픔입니다. 하나님을 만나야 채워질 영적인 갈증입니다. 하나님의 음성을 들어야만 해갈할 수 있는 영적인 갈증입니다. 하나님의 말씀을 받아야 살아날 영혼의 갈함입니다. 주님을 갈망하며 찾는 사람은 진정으로 복된 사람입니다. 그의 영혼은 채워지고, 그의 삶은 풍족해질 것이기 때문입니다. 시편은 노래합니다. "젊은 사자들은 먹이를 잃고 굶주릴 수 있으나, 주님을 찾는 사람은 복이 있어 아무런 부족함이 없을 것이다."(시 34:10) 다윗은 영적인 굶주림으로 주님을 갈망하는 사람에게는 부족함이 없는 만족함이 주어질 것을 확신했습니다.

이스라엘 백성들의 새로운 탄생은 출애굽이라는 놀라운 역사를 통하여 이루어졌습니다. 이스라엘 백성들은 예배 드릴 때마다 출애굽의 경험을 지속적으로 되새기고 기억하고 감사했습니다. 출애굽 사건은 그들의 예배의 핵심 내용이었습니다. 그리고 그 내용에는 광야의 거친 40년 동안 하나님께서 그들을 먹이시고 입히시고 돌보아주셨다는 고백이 있었습니다. 시편 107편도 이렇게 노래합니다. "주님께서는 목마른 사람에게 물을 실컷 마시게 하시고, 배고픈 사람에게 좋은 음식을 마음껏 먹게 해주셨다."(시 107:9) 우리가 영적인 갈망과 갈증과 갈함으로 하나님을 기다리며 기대할 때 하나님은 우리에게 실컷 마시게 하시며, 마음껏 배부르게 해주십니다. 이것이 예배의 충만함이며, 예배의 만족함입니다.

참된 예배자는 항상 하나님을 향한 강한 열망 속에서 영적인 갈증으로 예배를 사모합니다. 세상의 만족과 세상의 불의한 기쁨을 포기하고, 하나님의 채워주심을 갈망합니다. 참된 예배자의 갈망은 그리스도를 통해 충만해지며, 성령님의 기름 부으심으로 넘치는 참된 예배의 은혜를 누리게 됩니다. 과연 우리는 영적 갈망과 배고픔으로 하나님을 기대하고 바라는 예배자입니까?

교만과 자랑에 빠진 사람, 세상에 만족하는 사람은 하나님을 갈망하지 않습니다. "육체의 욕망과 눈의 욕망과 세상 살림에 대한 자랑"(요일 2:16)에 매인 사람은 하늘의 만족과 하늘의 기쁨을 갈망하지 않습니다. 그러므로 의에 주리고 목마름이 없는 예배에서는 거룩함을 누릴 수 없습니다.

우리가 하나님을 향한 갈망과 배고픔으로 풍성하신 하나님을 기대하며 예배자로 나아올 때 하나님은 우리를 채우십니다. 시편의 시인은 채우시는 하나님을 이렇게 노래합니다. "예루살렘아, 주님께 영광을 돌려라. 시온아, 네 하나님을 찬양하여라. … 네가 사는 땅에 평화를 주시고, 가장 좋은 밀로 만든 음식으로 너를 배불리신다."(시 147:12, 14) 갈망하며 예배하는 자에게 하늘의 평화가 임합니다. 하나님의 채우심으로 배부르게 해주십니다. 하나님을 갈망함이 예배의 준비, 예배의 마음과 태도입니다.

마음과 뜻과 힘을 다해 하나님을 사랑하는 성도는, 하나님을 향한 기대와 갈망으로 마음이 가득합니다. 하나님이 찾으시는 참된 예배자가 되기를 원하는 우리는 하나님을 향한 기대감을 불태워야 합니다. 사랑은 기대하게 합니다. 사랑은 갈망하게 합니다. 하나님을 향한 사모함을 부어주시기를 기도하십시오. 사랑의 마음을 불 붙여주시기를 기도하십시오. 하나님을 향한 상사병에 걸리기를 기도하십시오. 언제나 하나님의 임재하심에 대한 기대감, 사랑의 하나님을 향한 뜨거운 열정, 하나님의 말씀과 기름 부으심에 대한 갈망함으로 넘치는 마음으로 예배를 준비합시다. 예배를 잘 준비하기 위해 우리 교회의 주일예배를 준비하는 열 가지 계명이 주보 1면에 실려 있습니다.

- 토요일은 회개와 경건한 마음으로 주일 예배를 기대하며 하나님을 향한 갈망하는 마음을 위해 기도합니다.

- 항상 성경책과 찬송가와 봉헌의 예물을 준비하고 예배시작 10분 전에 옵니다.

- 경건한 예배를 위해 옷차림을 바르게 갖추며, 예배 중 휴대전화는 반드시 끕니다.

- 만나는 분들은 누구든지 서로 서로 친절하고 밝게 '할렐루야! 사랑합니다! 축복합니다! 반갑습니다!' 인사합니다.

- 예배실에 들어오면 간절함과 기대의 마음으로 영과 진리의 예배가 되도록 기도합니다.

- 주보를 보고 선포될 말씀을 찾아 천천히 읽으면서 주실 말씀을 사모합니다.

- 설교 시간에는 말씀에 온전히 집중합니다. '아멘!'으로 화답하며 은혜의 말씀을 가슴에 새깁니다.

- 찬송은 언제나 온 마음을 다해 뜻을 생각하며 기쁨으로 힘차게 부릅니다.

- 성찬을 통해 십자가와 부활의 은총을 누리며 감사와 분별하는 마음으로 참여합니다.

- 주보의 소식과 안내는 주의 깊게 읽고 공동체의 사역에 힘써 참여합니다.

하나님은 전심으로 주님을 갈망하며 구하는 자를 찾으십니다. 하나님은 주님께 매달리는 자를 힘 있게 해주십니다. 하나님의 임재를 갈망하는 자에게 능력을 베풀어 주십니다. 하나님이 임재하시는 예배가 우리를 힘 있게 해주시는 능력의 길입니다. "주님께서는 그 눈으로 온 땅을 두루 살피셔서, 전심전력으로 주님께 매달리는 이들을 힘 있게 해주십니다."(대하 16:9)

20

주님의 악보를 따라 삶의 예배를

형제자매 여러분, 그러므로 나는 하나님의 자비하심을 힘입어 여러분에게 권합니다. 여러분의 몸을 하나님께서 기뻐하실 거룩한 산 제물로 드리십시오. 이것이 여러분이 드릴 합당한 예배입니다. 여러분은 이 시대의 풍조를 본받지말고, 마음을 새롭게 함으로 변화를 받아서, 하나님의 선하시고 기뻐하시고완전하신 뜻이 무엇인지를 분별하도록 하십시오. 나는 내가 받은 은혜를 힘입어서, 여러분 각 사람에게 말합니다. 여러분은 스스로 마땅히 생각해야 하는 것 이상으로 생각하지 말고, 하나님께서 각 사람에게 나누어주신 믿음의분량대로, 분수에 맞게 생각하십시오.

(로마서 12:1-3)

우리가 삶의 예배자로 산다는 것은 마치 우리의 매일의 삶에서 우리 인생의 지휘자이신 주님의 악보를 따라 사는 것과 같습니다. 그렇게 될 때에 우리는 자신의 음정을 틀리지 않게 됩니다. 자기만 크게 연주하지 않게 됩니다.하나님이 주신 은사와 은혜와 사명을 따라 각자 자신의 악보를 정확하게 연주하면 됩니다. 이렇게 될 때에 우리의 예배는 하나님을 기쁘시게 하는 참된예배, 영광스러운 합주가 됩니다.

우리 교회에는 사명선언문이 있으며, 여기에는 우리 교회가 존재하는 이유와 목적이 담겨 있습니다. 또한 우리 교회가 나아갈 방향과 핵심적인 사역이 무엇인지 분명하게 드러나고 있습니다. 여기에는 예배, 훈련, 사랑의 교제, 전도, 그리고 봉사와 같은 내용이 담겨 있습니다. 예배는 사명입니다. 예배는 신앙생활의 중심입니다. 예배는 우리가 사는 동안 계속될 것이며, 천국에서도 계속될 것입니다. 이제는 우리에게 아주 익숙해진 말씀이 있습니다. "하나님은 영이시니 예배하는 자가 영과 진리로 예배할지니라."(요 4:24)라는 말씀입니다.

우리가 육체가 아닌 영으로 예배할 때 하나님의 영은 언제나 우리를 거룩한 지성소로 이끄시며, 우리의 영을 채우시며, 새롭게 해주십니다. "하나님의 영으로 예배하며, 그리스도 예수 안에서 자랑하며, 육신을 의지하지 않는 우리들이야말로 참으로 할례 받은 사람입니다."(빌 3:3) 하나님의 사랑의 부르심으로 시작된 예배는 언제나 성령님 안에서 하나님께 영광을 드리고 높이며, 구원의 은총과 사랑과 기쁨을 경험하는 감동의 시간이 됩니다. 그런데 오늘 말씀은 우리가 하나님께 영광과 경배를 드리는 것은 단지 아름다운 찬송과, 신실한 기도와, 헌신적인 헌금에 머무는 것이 아니라, 이것 보다 더 큰 것 바로 우리의 몸, 우리의 전부인 것을 가르쳐 주십니다. "형제자매 여러분, 그러므로 나는 하나님의 자비하심을 힘입어 여러분에게 권합니다. 여러분의 몸을 하나님께서 기뻐하실 거룩한 산 제물로 드리십시오. 이것이 여러분이 드릴 합당한 예배입니다."(롬 12:1)

이 말씀은 우리가 예배의 삶을 말할 때 놓치기 쉬운 부분을 보게 해줍니다. 예배에는 단지 주일에 예배당에 모여 함께 드리는 공예배 뿐만 아니라, 성령님의 인도하심과 권능에 순종하여 살아갈 때 언제든지 어디서든지 하나님께 우리의 삶을 제물로 드리는 삶의 예배도 포함됩니다. 우리가 성령님을 근심하게 하지 않으며, 성령님의 능력과 역사하심에 순종할 때 우리는 우리 자신을 하나님이 받으실 향기로운 제물로 드리게 됩니다. 우리의 일상의 삶이 곧 예배입니다. 그렇다면 우리가 함께 모여 예배하는 주일의 공예배는 물론, 하루 24시간 일주일 내내 우리의 시간과 삶의 자리도 중요합니다. 우리는 주일만이 아니라 일상의 모든 평일을 성일(聖日)로 살아야 합니다. 하나님은 우리가 가정과 직장과 사회에서, 그리고 사람들이 보지 않는 곳에서 행동하고 생각하고 말하는 것을 지켜보십니다. 주일만이 아니라 우리의 일상의 삶이 하나님께서 받으실 온전한 예배가 되기를 바라십니다.

예수님은 말씀하셨습니다. "지극히 작은 것에 충성된 자는 큰 것에도 충성되고 지극히 작은 것에 불의한 자는 큰 것에도 불의하니라."(눅 16:10) 우리는 예배당에 와서 하는 일과, 교회의 사역은 중요하게 여기고 가정이나 삶의 터전과 세상에서 하는 것은 작은 것이라고 생각하는 경향이 있습니다. 그러나 교회 밖에서 바르게 행동하지 않는다면, 교회 안에서 하는 무엇도 바른 것이 아닙니다. 우리가 교회 문에 들어서는 순간 거룩해지고, 교회 문을 나서는 순간 세속적이 되는 것이 아닙니다. 우리가 함께 모여 드리는 주일 예배는, 우리가 주중에 일상 속에서 살아가는 삶과 분리될 수 없습니다.

또한 우리가 함께 예배를 드릴 때에는 영적인 조화가 필요합니다. 바울은 "성령이 하나"(엡 4:4)라고 말씀했는데, 성령님이 우리를 동일한 방향으로 인도하신다는 뜻입니다. 내 안에 계신 성령님이, 다른 성도 안에 있는 성령님과 하나이기에 우리가 모일 때에 그곳에는 평화와 일치가 있습니다. 예수님은 "너희 중에 두 사람이 땅에서 합심하여 무엇이든지 구하면 하늘에 계신 내 아버지께서 저희를 위하여 이루게 하리라."(마 18:19)고 말씀하셨습니다. 여기서 '합심하여'라는 말은 심포니라는 말입니다. 심포니 오케스트라의 아름다운 음악을 떠올리면 됩니다. 오케스트라의 모든 악기는 각각 자신의 부분을 연주하지만 전체의 흐름을 따라 연주하기 때문에 아름다운 음악이 만들어집니다.

우리가 예배를 위해 모일 때에 하나님은 바로 각 사람 가운데 계시는 성령님으로 인하여 온전한 그리스도의 몸을 이루고 하나가 된 아름다움을 보십니다. 다양한 지체로 모인 우리가 예배의 오케스트라를 연주할 때에 하나님은 우리 가운데서 아름답고 선한 삶의 열매를 보십니다. 하나님은 우리가 지난 한 주간 동안 어떻게 살았는지 다 알고 계십니다. 주일에만 경건한 듯이 행동하는 것도 주님께는 감출 수가 없습니다. 우리는 매 주간 일상의 삶이 거룩한 제물로 드리기에 합당한 바르고 경건한 삶의 예배자로 살기에 힘써야 합니다. 또한 예배자로 살기에 힘쓰는 우리가 모여 예배의 멋진 오케스트라를 연주한다면, 우리의 예배는 하나님이 가장 기뻐하시는 예배가 될 것입니다. 이렇게 될 때 우리는 하나님이 찾으시는 바로 그 예배자가 됩니다.

우리가 삶의 예배자로 산다는 것은 마치 우리의 매일의 삶에서 우리 인생의 지휘자이신 주님의 악보를 따라 사는 것과 같습니다. 그렇게 될 때에 우리는 자신의 음정을 틀리지 않게 됩니다. 자기만 크게 연주하지 않게 됩니다. 하나님이 주신 은사와 은혜와 사명을 따라 각자 자신의 악보를 정확하게 연주하면 됩니다. 이렇게 될 때에 우리의 예배는 하나님을 기쁘시게 하는 참된 예배, 영광스러운 합주가 됩니다.

예배는 하나님을 위한 드림입니다. 누군가가 왕을 위해 연주를 한다면 그것은 매우 영광스러운 일일 것입니다. 우리의 예배는 만왕의 왕이신 하나님을 위한 것입니다. 주일의 공예배는 우리가 한 주일의 삶의 열매를 심포니로 드리는 예배의 완성이 됩니다. 그렇다면 우리는 어떻게 최고의 연주를 만왕의 왕께 드릴 수 있을까요?

개인의 삶에서 연습하기

개인적인 차원의 연습이 필요합니다. 바울은 이렇게 말씀했습니다. "그러므로 주 안에서 갇힌 내가 너희를 권하노니 너희가 부르심을 입은 부름에 합당하게 행하여 모든 겸손과 온유로 하고 오래 참음으로 사랑 가운데서 서로 용납하라."(엡 4:1-2) 바로 이것이 우리가 하나님 앞에서 드리는 주일의 멋진 공연을 위해 개인 연습을 하는 것입니다. 우리가 하나님의 자녀로 부르심을 입었으므로 그 부르심에 합당한 삶을 사는 것이 개인연습입니다. 이 연습은 일상 속에서 겸손과 온유와 인내와 사랑의 삶을 사는 것이며, 서로를 받아들이고 용서하는 것입니다. 우리 삶의 매순간을 말씀에 순종하여 살 때에 우리는 최고의 연습을 한 것과 같습니다. 프랑스의 수도사였던 로렌스 형제는 「하나님 임재의 연습」이라는 책에서 자신이 부엌에서 그릇을 닦는 것이 복된 성찬에 참여할 때와 동일하게 하나님의 임재를 경험하는 것이라고 말했습니다. 그는 늘 일상의 소소한 일에서 하나님의 임재를 경험하였습니다. 그렇습니다. 우리는 매 순간마다 하나님의 임재하심 가운데서 바른 삶의 길을 연습해야 합니다. 그러기 위해서는 온전한 사랑과 용서, 서로에 대한 용납으로 채우기에 힘써야 합니다.

자신의 자리를 알아야 합니다

하나님께 아름다운 예배의 연주를 드리기 위해서 우리는 각자 자신의 위치를 알아야 합니다. 바울은 "그러나 하나님께서는 우리 각 사람에게 그리스도께서 나누어 주시는 선물의 분량을 따라서 은혜를 주셨습니다."(엡 4:7)라고 말씀하셨습니다. 그리스도의 몸의 지체인 우리에게는 하나님이 선물로 주신 성령님의 은사가 있습니다. 은사는 하나님께서 우리에게 주신 능력으로 그리스도의 몸인 교회를 온전하게 세우도록 주신 것입니다.

우리는 하나님이 주신 은사에 따라서 거룩하고 의롭고 선한 삶의 예배와 함께 하나님께 온전한 오케스트라의 예배를 드립니다. 참된 예배는 주일의 정해진 시간에 제한된 것이 아니라, 우리가 평일에 모든 삶의 현장에서, 사역의 현장에서 어떻게 살아가느냐에 따라서 결정됩니다. 우리에게 주시는 은사와 능력과 지혜와 재능과 경험과 열망을 가지고 온전하게 하나님의 영광을 위해 연주할 때 비로소 우리의 예배는 아름답고 거룩하고 온전한 예배로 하나님께서 기뻐하시는 예배가 되며, 우리는 하나님이 찾으시는 참된 예배자로 서게 됩니다.

본문의 말씀에서 바울은 "여러분은 스스로 마땅히 생각해야 하는 것 이상으로 생각하지 말고 하나님께서 각 사람에게 나누어주신 믿음의 분량대로 분수에 맞게 생각하십시오."(롬 12:3)라고 하셨습니다. 이 말씀은 하나님이 우리 자신에게 주신 은사를 감사하며, 하나님의 영광을 위해 사용할 뿐 자랑하거나, 있는 것처럼 가장해서는 안 된다는 것을 말합니다. 우리는 우리의 삶을 하나님께 드리는 예배자로 살아야 하고, 매순간 거룩함과 겸손, 기도로 오직 하나님을 사랑하고 섬기는 삶을 살아야 합니다. 우리가 만나고 대하는 모든 사람들이 예수님이신 것처럼 그렇게 대하고 사랑하고 섬기며 사는 것입니다. 이렇게 될 때 우리는 하나님께 드리는 아름다운 연주에서 자신의 자리를 찾고 자신의 역할에 잘 맞추어 멋진 연주를 해낼 수 있게 됩니다.

우리는 보이지 않는 곳에서 청소를 할 수도 있고, 눈에 잘 띄는 사역을 할 수도 있습니다. 그러나 어떤 일이든 하나님의 인도하심과 다스리심 아래서 이루어질 때 우리의 시선은 사람을 의식하는 것이 아니라 오직 하나님의 영광만을 위해 예배의 삶을 살게 됩니다. 하나님은 결코 우리가 무능한 삶을 살기를 원치 않으시기 때문에 만약 우리가 삶의 열매로 하나님께 우리의 삶을 드리지 못한다면, 우리는 하나님이 원하시는 삶을 벗어나 있는 것입니다.

하나님의 지휘를 따라야 합니다

하나님께 아름답고 온전한 예배를 드리기 위해서는 우리가 하나님의 지휘봉을 온전히 신뢰하고 따라야 합니다. 우리의 삶과 예배는 하나이므로, 우리는 일상의 삶에서도 하나님의 지휘를 따라야 합니다. 만일 연주자들이 자기의 기분에 따라서 마음대로 연주곡을 바꾼다면, 지휘자의 지휘봉은 아무 연주도 만들어 내지 못할 것입니다. 우리 모두는 오직 하나의 음악, 하나의 코드를 따라야 합니다. 그것은 바로 하나님의 말씀을 통해 드러나는 하나님의 뜻이며, 우리의 삶의 목적입니다. 우리의 임무는 악보를 따르고 매일 그 악보에 맞추어 살아가는 것입니다.

모든 성도들이 함께 성숙하며, 그리스도를 닮아 자라는 모습을 볼 때 우리는 우리 교회가 올바른 방향으로 가고 있음을 확신하게 됩니다. 사도 바울은 "우리 모두가 하나님의 아들을 믿는 일과 아는 일에 하나가 되고 온전한 사람이 되어서 그리스도의 충만하심의 경지에까지 다다르게 됩니다. 우리는 이 이상 더 어린 아이로 있어서는 안 됩니다. 우리는 인간의 속임수나 간교한 술수에 빠져서 온갖 교훈의 풍조에 흔들리거나 이리저리 밀려다니지 말아야 합니다."(엡 4:13-14)라고 말씀 하셨습니다. 이제는 어린아이의 일을 버리고 우리 모두 그리스도의 온전하심의 경지에까지 자라갑시다. 우리는 거짓과 진리를 분별하고, 세상의 풍조와 하나님의 교훈을 분별하며, 세상의 유행과 속임수에 흔들리지 말고 진정한 예배의 삶으로 나아갑시다.

우리 모두 하나님이 찾으시는 참된 예배자가 되기에 힘씁시다. 하나님의 악보를 따라 주님 안에서 기쁘고 복된 승리의 삶을 춤춥시다. 하나님의 지휘에 맞추어 거룩하고 아름다운 예배를 드립시다. 영광의 하나님을 경험하고, 구속의 감격을 누리며, 성령님이 부으시는 생명과 능력의 문이 열리는 감동의 예배를 사모합시다. 우리가 세상을 변화시키지 못하면 세상이 우리를 변질시킵니다. 우리의 삶이 살아있지 못하면 우리의 예배는 죽습니다. 말씀이 삶이 되고 삶이 예배가 되게 합시다. 삶으로 드리는 예배, 예배가 삶이되는 복된 성도 복된 교회가 되기를 왕이신 주님의 이름으로 축복합니다. 「부르신 곳에서」라는 찬양을 부르며 참된 예배자의 삶을 결단하고 헌신합시다.

부르신 곳에서 - 김준영

따스한 성령님 마음으로 보네
내 몸을 감싸며 주어지는 평안함
만족함을 느끼네
부르신 곳에서 나는 예배하네
어떤 상황에도 나는 예배하네
부르신 곳에서 나는 예배하네
어떤 상황에도 나는 예배하네

사랑과 진리의 한줄기 빛 보네
내 몸을 감싸며 주어지는 평안함
그 사랑을 느끼네
부르신 곳에서 나는 예배하네
어떤 상황에도 나는 예배하네
부르신 곳에서 나는 예배하네
어떤 상황에도 나는 예배하네

내가 걸어갈 때 길이 되고
살아갈 때 삶이 되는
그 곳에서 예배하네
내가 걸어갈 때 길이 되고
살아갈 때 삶이 되는
그 곳에서 예배하네